BEI GRIN MACHT SICH IHR WISSEN BEZAHLT

- Wir veröffentlichen Ihre Hausarbeit, Bachelor- und Masterarbeit

- Ihr eigenes eBook und Buch - weltweit in allen wichtigen Shops

- Verdienen Sie an jedem Verkauf

Jetzt bei www.GRIN.com hochladen und kostenlos publizieren

GRIN

Irrtum im Geschmack

Über die Möglichkeiten des irrtümlichen ästhetischen Urteils bei Immanuel Kant

Sophie Blaumann

Bibliografische Information der Deutschen Nationalbibliothek:

Die Deutsche Nationalbibliothek verzeichnet diese Publikation in der Deutschen Nationalbibliografie; detaillierte bibliografische Daten sind im Internet über http://dnb.d-nb.de abrufbar.

ISBN: 9783346630568
Dieses Buch ist auch als E-Book erhältlich.

Druck und Bindung: Books on Demand GmbH, Norderstedt Germany
Gedruckt auf säurefreiem Papier aus verantwortungsvollen Quellen

Das vorliegende Werk wurde sorgfältig erarbeitet. Dennoch übernehmen Autoren und Verlag für die Richtigkeit von Angaben, Hinweisen, Links und Ratschlägen sowie eventuelle Druckfehler keine Haftung.

Das Buch bei GRIN: https://www.grin.com/document/1191953

SOPHIE BLAUMANN

BACHELORARBEIT

Irrtum im Geschmack
Über die Möglichkeiten des irrtümlichen ästhetischen Urteils bei Immanuel Kant

ABSCHLUSSARBEIT ZUR ERLANGUNG DES AKADEMISCHEN GRADES BACHELOR OF ARTS IM FACH PHILOSOPHIE.

VORGELEGT IM JULI 2021 AM PHILOSOPHISCHEN SEMINAR DER PHILOSOPHISCHEN FAKULTÄT DER EBERHARD KARLS UNIVERSITÄT TÜBINGEN

Inhalt

Einleitung

Einen Gegenstand aus Natur oder Kunst als *schön* zu beurteilen drückt nach Immanuel Kant kein lediglich privates Empfinden aus. Wenn das sogenannte *Geschmacksurteil* auch ein subjektives Lustgefühl mitteilt, so doch mit einem Anspruch auf „jedermanns Beistimmung". Diese sogenannte *subjektive Allgemeinheit* unterscheidet Kant zufolge das Geschmacksurteil von subjektiven Urteilen anderer Art und ist Anlass für eine sorgfältige „Zergliederung" in seiner *Kritik der Urteilskraft*. Trotz aller Präzision in Kants Ausführungen entsteht der Eindruck eines Widerspruchs: Auf den ersten Blick scheint unbestritten, dass das Geschmacksurteil nicht objektives Erkenntnisurteil sein kann. Und doch impliziert Kants beanspruchte Allgemeinheit eine über das Subjekt hinausreichende Gültigkeit solcher Urteile, somit in irgendeiner Weise deren Überprüfbarkeit und die *Möglichkeit zu irren*. Letzteres steht der geläufigen Vorstellung entgegen, jeder Mensch sei völlig frei in seinem Geschmack. Es stellt sich also die Frage, ob Kant mit dieser entdeckten Allgemeinheit beansprucht, spontane Gedanken und Äußerungen über Schönheit als fehlerhaft zu ‚entlarven' und ob wir mit einer solchen ‚ästhetische Perspektive' unserem eigenen Empfinden nicht mehr trauen, uns im Urteilen über das Schöne folglich unsicher fühlen sollten. Kant selbst liefert Antworten auf diesbezügliche Fragen nicht auf dem Serviertablett. Die vorliegende Arbeit soll daher eine Bündelung der zum Thema verstreuten Äußerungen leisten. Zunächst soll grundlegend aufgezeigt werden, was Kant Anlass gibt für eine gültigkeitsbezogene Herausstellung des Geschmacksurteils. Auf dieser Basis folgt dann die Untersuchung, ob und wie in Kants Konzept *Irrtum im Geschmack* definiert ist. Zu guter Letzt können Befürchtungen bezüglich einer Freiheitsbeschränkung des Geschmacks weitgehend aus dem Weg geräumt werden, wenn auch Kants Kritik durchaus zu größerer Sorgfalt in der Wahl der Urteilsprädikate sensibilisiert.

1. Urteilskraft und Geschmack

1.1. Kritik als Kompass

Bevor Philosophie als „System der Vernunfterkenntnis durch Begriffe" ernsthaft begonnen werden kann, ist nach Kant die *reine Vernunft* in ihren Möglichkeiten und Grenzen zu bestimmen.[1] *Vernunft* allgemein bedeutet für ihn unser Vermögen, *sinnlich* und *verstandesmäßig* geformte Wahrnehmung unter höhere *Prinzipien* zu ordnen, also das *Schließen* von einzelnen begrifflichen Erkenntnissen auf Allgemeineres.[2] Diese menschliche Fähigkeit ermöglicht gleichzeitig die erkenntnistheoretische Arbeit, bei Kant speziell das Ergründen der *Prinzipien a priori*, also der *vor* aller Erfahrung wirkenden Geistesstrukturen als Voraussetzung für Erkenntnis überhaupt. Sein dabei entstehendes Begriffssystem begründet die sogenannte *Transzendental-Philosophie* [3], in deren Rahmen er unsere Fähigkeit zu *synthetischen Urteilen a priori* untersucht: eine „Erkenntnisart", die uns begrifflich

---

[1] Immanuel Kant: Kritik der Urteilskraft. Frankfurt 1974, S. 9.
[2] Vgl. Immanuel Kant: Kritik der reinen Vernunft. Frankfurt 1974, S. 313.
[3] Vgl. Ebd. S. 63.

voneinander unabhängige Vorstellungen verknüpfen lässt, ohne dass etwa vorherige Erfahrung diese Verbindung rechtfertigte. Eine grundlegende synthetische Leistung also, die wir quasi unwillkürlich ausführen, und ohne die es weder reine Mathematik, noch reine Naturwissenschaft, strenggenommen gar keine höhere Erkenntnis gäbe. [4]

Nun bleibt die Arbeit der Vernunft aber nicht bei Mathematik und Naturerfahrung stehen: Sie weist nämlich das *metaphysische* Bestreben auf, ihre Begriffe auch über die sinnlich gestützte Erfahrung hinaus auszuweiten. Jenseits des Empirischen liegt Kant zufolge ein unvermeidliches Fragen nach „Gott, Freiheit und Unsterblichkeit", welches dem Menschen keinesfalls abgesprochen werden kann und soll. [5] Vielmehr soll eine genaue Analyse der Vernunfterkenntnis lehren, die verschiedenen Gebiete ihres Wirkens bewusst voneinander zu unterscheiden und den „falschen Schein", der in ihrem „hyperphysischen Gebrauch" begründet liegt, zu erkennen und zu benennen. [6] Damit erhält die in Misskredit gefallene Metaphysik erstmals einen kritischen „Gerichtshof", der „gerechte Ansprüche" sichern, „grundlose Anmaßungen" hingegen bremsen oder verhindern soll. [7] Dieser Gerichtshof ist also die für jede weitere Philosophie fundamentale *Kritik der reinen Vernunft*. Weiter in Bildern gesprochen leisten also bei Kant sowohl die *analytische* Vermessung des festen Landes „der Wahrheit", als auch die standhafte Begegnung mit dem „stürmischen Ozeane, dem eigentlichen Sitze des Scheins" eine unvermeidliche Fortbildung im Umgang menschlicher Erkenntnis durch ihre ureigenen Werkzeuge bei der Entdeckung und Kartographie des Erfahrbaren. [8]

Die Komplettierung dieses Programmes stellt für Kant seine *Kritik der Urteilskraft* dar. Hier geht es ihm um die Untersuchung derjenigen transzendentalen Prinzipien, die den Umgang des menschlichen Geistes speziell mit der Vielfalt und Zufälligkeit der Erfahrung, also die Fähigkeit, das *Besondere* in irgendeiner Weise angemessen einzuordnen, ermöglichen. Dabei steht ein zuvor weitgehend unbeachtetes Vermögen neben Verstand und Vernunft, welches außerdem mit den beiden letzteren in notwendiger Vermittlung steht, weil es gewissermaßen deren Strukturen erst zur Anwendung bringt: Unser Vermögen, zu urteilen, die *Urteilskraft*. Auch wenn sie in dieser Vermittlerrolle keinen eigenen, gesetzgebenden Teil der Philosophie ausmacht, entdeckt Kant in ihr dennoch eine apriorische Funktion, und zwar überraschenderweise diejenige, die in ihrer Reinform unsere Beurteilung von *Schönheit* ermöglicht. Da Schönheits- oder Geschmacksurteile gleichzeitig auch synthetische Urteile sind, weil sie die Wahrnehmung des betreffenden Objektes mit dem, nicht im Begriff des Gegenstandes mitenthaltenen, Prädikat der Schönheit verbinden, gehört die Frage „Wie sind Geschmacksurteile möglich?" für Kant mit „unter das allgemeine Problem der Transzendentalphilosophie". [9] Folgen wir ihm hierbei, zählt die Ergründung der *Ästhetik* (im Sinne von ‚Lehre der Schönheit'), die uns als angehende Philosophinnen und Philosophen möglicherweise noch wenig beschäftigt hat, demnach zum fundamentalen Rüstzeug, welches nach Kants Metaphorik Wahrheit vermessen und uns damit richtungsweisend auf dem ‚stürmischen Ozean' gegen das Risiko des ‚Scheins' wappnen kann.

---

[4] Vgl. Immanuel Kant: Kritik der reinen Vernunft. Frankfurt 1974, S. 59.
[5] Ebd.: S. 49.
[6] Ebd.: S. 106.
[7] Ebd.: S. 13
[8] Ebd.: S. 267.
[9] Kant: Kritik der Urteilskraft. Frankfurt 1974, S. 219.

1.2. Urteilskraft und Subsumtion

Urteile stellen sich schon in der Einleitung der ersten Kritik, obwohl Kant an dieser Stelle noch keine explizite Definition liefert, für den Leser als gedachte bzw. geäußerte Erkenntnis*sätze* dar. [10] Sätze sind sprachliche Gebilde, in denen Subjekt und Prädikat in ein Verhältnis gesetzt werden. Im Abschnitt der *transzendentalen Analytik* definiert Kant ein Urteil schließlich als die „mittelbare Erkenntnis eines Gegenstandes", das heißt das verstandes- bzw. vernunftmäßige Einordnen der (sinnlich) aufgefassten Wahrnehmung eines Gegenstandes oder Sachverhaltes unter *Begriffe*. [11] Für unser Alltagsverständnis, in welchem ‚Urteil' und ‚Urteilskraft' nicht unmissverständlich geläufig sind, können wir also festhalten: Jeder Mensch formuliert gewöhnlich konkrete Erfahrungen seiner Umwelt sowie seines inneren Erlebens in Sätze, wobei er bejahend oder verneinend *Subjekt* und *Prädikat* in Beziehung zueinander setzt. [12] Im Umlauf sind dann wahrheitsfähige Gedanken oder Aussagen, unabhängig davon, wie sich die zugehörigen Sachverhalte überprüfen lassen. Zu dieser begrifflichen Erkenntnis ist immer ein unbestimmtes Prädikat nötig, unter welchem man konkrete Wahrnehmungen, im Satz die Subjekte, zusammenfassen oder bestimmen kann.[13] Zum Beispiel in der Aussage: „Dieser Schnee wird nicht liegen bleiben" ordnen wir einen konkreten Schneefall (Subjekt) unter das Prädikat des ‚Nicht-beständig-Seins'. Ein solches (sprachliches) Erkennen der wahrgenommenen Gegenstände und Sachverhalte, das wir ja quasi ständig tun, ist nach Kant nichts anderes als das Produzieren von Urteilen.

Letzten Endes sind es die Schlussfolgerungen, die wir täglich treffen, sowie deren Konsequenzen in unseren Handlungen und Entscheidungen, die für uns von (lebenspraktischer) Bedeutung sind. Kant geht es aber wie gesagt um jene Geistesarbeit, die diesen Manifestationen vorausgeht. Diese ‚Vorarbeit' ordnet er verschiedenen *Geistesvermögen* zu, die er nicht immer klar umreißt, die sich im Lesefluss also oft nicht eindeutig auseinanderhalten lassen. Während die Auffassung der Wahrnehmung bei Kant durch das Vermögen der *Einbildungskraft* geschieht [14], ist das „Vermögen zu urteilen" zunächst der *Verstand*, dessen Handlungen allesamt auf Urteile zurückzuführen sind. [15] An späterer Stelle beschreibt Kant die Verstandestätigkeit als ein ständiges Durchspähen der Erscheinungen, also der wahrgenommenen Gegenstände oder Vorstellungen in der Absicht, „an ihnen irgend eine Regel aufzufinden". *Regel* meint hier den allgemeinen Begriff, also jenes unbestimmte Prädikat, unter das der Gegenstand geordnet werden soll. Deshalb bezeichnet Kant den Verstand dann schließlich, das vorher genannte zusammenfassend, als „Vermögen der Regeln". [16] Urteilen ist so betrachtet also der Umgang mit verstandesmäßigen Regeln bezogen auf unsere durch die Sinne aufgenommene Erfahrung. Die Vernunft wiederum bietet einerseits gesetzesmäßige Begriffe für den Bereich des Übersinnlichen, der dem Verstand gänzlich verschlossen bleibt, vereinheitlicht aber auch die Urteile des Verstandes unter höhere Prinzipien. Bezogen auf

---

[10] Vgl. Immanuel Kant: Kritik der reinen Vernunft. Frankfurt 1974, S. 46.
[11] Ebd. S. 110.
[12] Vgl. Georgi Schischkoff (Hrsg): Philosophisches Wörterbuch. Stuttgart 1965, S. 620.
[13] Der wahrgenommene und zu ordnende Gegenstand als Subjekt ist nicht zu verwechseln mit dem Subjekt der Erkenntnis, also der Person, die die Wahrnehmung hat.
[14] Vgl. Kant: Kritik der reinen Vernunft. Frankfurt 1974, S. 148 ff. und: Kritik der Urteilskraft. Frankfurt 1974, S. 33.
[15] Immanuel Kant: Kritik der reinen Vernunft. Frankfurt 1974, S. 110.
[16] Ebd. S. 180.

Letzteres bringt sie also nach Kant „die höchste Einheit des Denkens" hervor, welche wiederum die Grundlage für unsere Entscheidungen und Handlungen darstellt. [17]

Die Urteilskraft wiederum, auch wenn sie mit Verstand und Vernunft zusammenwirkt, *ist* nicht Verstand oder Vernunft. Sie ist bei Kant dasjenige Vermögen, welches *unterscheidet*, „ob etwas unter einer gegebenen Regel [...] stehe oder nicht." [18] Zunächst kann verwirren, dass Kant einerseits, wie oben gesagt, den Verstand als Urteilsvermögen bezeichnet und dann zusätzlich die Urteilskraft ins Spiel bringt. Die Notwendigkeit der Urteilskraft als eigenem Vermögen ergibt sich ihm jedoch aus folgendem Grund: Das logische Regelwerk von gesetzmäßig bestimmenden Begriffen bieten uns Verstand und Vernunft, doch für den ‚Akt' ihrer Anwendung auf konkrete Fälle können sie nicht ebenfalls wieder zuständig sein, weil sonst der sogenannte *Regelregress* entsteht. Für jeden Begriff muss es wiederum eine andere Regel geben, welche seine *Anwendung* anweist. Diese Anleitung selbst müsste jedoch wiederum von einer Meta-Anleitung angewiesen werden, die besagte, dass die ‚erste' Anleitung tatsächlich über die Anwendung des ‚ersten' Prädikats verfügt. Auch diese Meta-Anleitung bräuchte einen ihr durch eine erneute Regel zugewiesenen Anwendungsbereich... Diese Vorstellung führt ins Unendliche. [19] So muss, „wenn wir überhaupt zu einem Urteil gelangen wollen", der Regress an einer Stelle abbrechen. [20] Das Zuordnen eines Gegenstandes zu einem Begriff, ohne dass es wiederum durch eine übergeordnete Regel als Prinzip dessen bestimmt ist, wird von Kant als *Subsumtion* eines Gegenstandes unter einen Begriff bezeichnet und muss zwangsläufig durch eine dem logischen Regelwerk von Verstand und Vernunft ausgelagerte Instanz geschehen, der Urteilskraft. *Sie* muss einerseits logische Gesetze selbsttätig zur Anwendung bringen und andererseits, wo solche nicht bereitstehen, die Anwendung des Prädikats auf den Gegenstand als Subjekt selbst *entscheiden*. Nennt Kant trotzdem den Verstand als Überbegriff für unser Denk- und Urteilsvermögen, meint er dessen Gegensatz zur *Sinnlichkeit* und betont damit die Gegenüberstellung der beiden einzigen Erkenntnis*quellen*, also Sinnlichkeit und Verstand bzw. Denkvermögen. [21] Über diesen dichotomischen Aspekt hinaus bilden aber für ihn Verstand, Vernunft und Urteilskraft die dreiteilige „systematische Vorstellung des Denkungsvermögens". [22]

1.3. Schematismus und Zweckmäßigkeit

Die Urteilskraft als besonderes Vermögen bringt nun also konkret wahrgenommene Gegenstände (bzw. deren Vorstellungen) unter allgemeine Begriffe. Bei dieser Subsumtion gibt es nach Kant gewisse Einteilungen. So müssen uns, um überhaupt zu Erfahrungsurteilen zu gelangen, begriffliche Grundvoraussetzungen a priori gegeben sein. Unter solche *reinen Verstandesbegriffe* oder *Kategorien* subsumiert die Urteilskraft nach dem sogenannten *transzendentalen Schema*. Dieses ist eine jeder Erfahrung überhaupt vorausgesetzte Verstandesstruktur, welche sinnliche Wahrnehmungen unserer Anschauung mit den rein verstandesmäßigen Kategorien zusammenbringen. [23] Kategorien sind die Art von Begriffen,

---

[17] Immanuel Kant: Kritik der reinen Vernunft. Frankfurt 1974, S. 311 f.
[18] Ebd. S. 184.
[19] Vgl. ebd.
[20] Markus Gabriel: Die Erkenntnis der Welt-Eine Einführung in die Erkenntnistheorie. Freiburg 2012, S. 206.
[21] Vgl. Kant: Kritik der reinen Vernunft. Frankfurt 1974, S. 66.
[22] Kant: Kritik der Urteilskraft. Frankfurt 1974, S. 15.
[23] Vgl. Kant: Kritik der reinen Vernunft. Frankfurt 1974, S. 187ff.

„vermittelst (…) [derer] überhaupt irgend ein Gegenstand der Erfahrung gedacht werden kann."
[24] So sind zum Beispiel die Voraussetzungen, einen menschlichen Körper als solchen zu erkennen, sich überhaupt einen *substantiellen* Körper denken und ihm Eigenschaften zuschreiben zu können. Urteile über Handlungen und Abläufe um uns herum (und in uns selbst) wären uns ohne grundlegende Begriffskonzepte wie der von *Ursache und Wirkung* gar nicht möglich. Und selbst die Tatsache, ob da nur ‚ein' Mensch zu erkennen ist oder ‚mehrere', oder ob gar von der ‚gesamten' Menschheit gesprochen werden kann, setzt *quantitative* Grundbegriffe von *Einheit, Vielheit und Allheit* voraus. Auf diese Weise werden jegliche Erfahrungen sozusagen begrifflich vorgeformt und somit, zusammen mit einer entsprechenden Vorformung der (nicht-begrifflichen) *Anschauung* durch *Raum* und *Zeit*, erst möglich gemacht.
[25] Verknüpft wird also eine konkrete Anschauung mit der entsprechenden Begriffskategorie durch das transzendentale Schema. Dies ist zwar auch eine *sinnliche* Angelegenheit, weil es nach Kant die zur Sinnlichkeit gehörige Einbildungskraft ist, die zur Anschauung eine Art Äquivalent, eben das Schema, produziert. Das Schema bezieht sich aber von Beginn an bereits auf die Verstandeskategorie und ist somit schon begrifflich mitdefiniert. [26] Das Schematisieren ist folglich ein an die Anschauung geknüpftes Hervorbringen eines gesetzlich bestimmten Verstandesbegriffes, dessen *Darstellung* des „korrespondierenden Gegenstandes in der Anschauung", mit anderem Wort die Subsumtion, jedoch *nicht* der Verstand, sondern die Urteilskraft bewerkstelligt. [27] Um Erfahrungen also in beschriebener Weise unter Kategorien zu subsumieren, werden Kant zufolge der Urteilskraft Gesetze des Verstandes (im moralischen Bereich das Freiheitsgesetz der Vernunft) vorgeschrieben, dennoch muss die Urteilskraft angesichts des genannten Problems des Regelregresses notwendig selbsttätig sein. Nach diesem transzendentalen Prinzip des Schematismus *bestimmt* die Urteilskraft den Teil der Erfahrung, zu dem allgemeine Begriffe, als Kategorien oder Vernunftideen, bereits gegeben sind. [28]

Nun haben aber die meisten unserer alltäglichen Urteile ihre für uns offensichtliche Bedeutung bei der Einordung von Gegenstands- oder Sachverhaltsbereichen, die vom beschriebenen Schematismus gar nicht abgedeckt werden. Wir erfahren die Umwelt zwar räumlich, zeitlich und kategorial vorgeformt, deren *Besonderheiten* jedoch ordnen wir nach einer eher ‚willkürlichen' Einschätzung unter ganz andere Arten von Begriffen. Begriffe bzw. Regeln, welche wir oft erst *suchen* müssen, die also nicht, wie etwa die Kategorien, schon vorgegeben sind. Nach Kant ‚durchspähen' wir unsere Umwelt, d.h. die *Natur*, die für ihn der „Inbegriff aller Gegenstände der Erfahrung" [29] darstellt, und suchen bewusst Regeln, Prinzipien, Gesetze zu den Besonderheiten, die uns spontan begegnen. Die Besonderheiten der Natur sind aber so vielfältig (*mannigfaltig*), dass ein Regelwerk, welches sie eindeutig und restlos ordnet, uns beim Durchspähen nicht zur Verfügung steht. Es gibt jenseits der kategorialen oder vernunftmäßigen Bestimmung der Erfahrung keine logische Ordnung nach Schema, sondern die Urteilskraft muss in irgendeiner Weise selbst gesetzgebend sein, bekommt somit als Geistesvermögen eine weitaus bedeutendere Rolle als bisher zugeschrieben. Kant zufolge

---

[24] Immanuel Kant: Kritik der reinen Vernunft. Frankfurt 1974, S. 132.
[25] Vgl. ebd., S. 69 ff.
[26] Vgl. ebd., S. 189.
[27] Kant: Kritik der Urteilskraft. Frankfurt 1974, S. 33.
[28] Vgl. ebd. S.87.
[29] Ebd., S. 21.

subsumiert sie nach einem ihr eigenen Prinzip und es ist sein Anliegen in der *Kritik der Urteilskraft*, herauszustellen, ob dieses Prinzip *a priori* Regeln gibt, so wie Verstand und Vernunft es können, und somit die transzendental-philosophische Bedeutung, die die Urteilskraft in unserem Erkenntnisvermögen spielt, genau zu definieren. [30]

Was ist nun dieses der Urteilskraft eigene Prinzip, das also weder von Verstand noch Vernunft seine ‚Befehle' erhält? Welche Regeln kann sie dadurch autonom vorschreiben? Schauen wir uns das ‚besondere Urteilen' im Kontext des (nicht-wissenschaftlichen) Alltags einmal genauer an. Um einen Satz wie „ich bin erkältet" zu äußern, müssen wir für gewöhnlichen nicht überlegen, welchen Überbegriff wir für die speziellen Symptome, die uns heimsuchen, und die wir hier zusammenfassen, benutzen sollen. Das ist aber nicht deswegen so, weil wir eine verstandesmäßige Kategorie „Erkältung" gegeben hätten, sondern weil dieser Begriff durch Beobachtungen und Beschreibungen in einer hier nicht relevanten Weise gesucht und festgelegt wurde, sodass wir uns an seine Verwendung, ohne normalerweise weiter nachzudenken, gewöhnt haben. Diese Gewohnheitsbereiche einmal außer Acht gelassen geraten wir aber ständig an Sachverhalte, für deren Details unsere Urteilskraft keine begrifflichen Vorgaben zur Verfügung hat und wo auch Gewohnheit nicht weiterhilft. Geht es beispielsweise darum, den Krankheitserreger, der unsere ‚Erkältung' verursacht, genau bestimmen zu müssen, um Maßnahmen zur Verhinderung seiner Weiterverbreitung einleiten zu können, beginnen wir zu *überlegen,* wo genau unsere Symptome im System der entsprechenden Begrifflichkeiten verortet sein könnten, etwa indem wir bereits bekanntes Wissen aktivieren, darüber nachlesen, sie also mit Symptomen bereits bekannter Erreger abgleichen, letztendlich auch, indem wir eine spezielle ärztliche Diagnostik veranlassen. Unsere Umwelt in ihrer ganzen Vielfalt erfordert von uns ständig ein solches Überlegen, ein Einschätzen, ein *Reflektieren.* Selbst was in der Wissenschaft, wo detailliert beforschte Erkenntnis schon begrifflich systematisiert sein mag, bleibt letztendlich die Vielfalt in ihrer Zufälligkeit bestehen. Auch dem Virologen, der vielleicht schon lange an ein und demselben Erreger forscht, ergeben sich immer wieder unerschlossene Bereiche, in denen er im Dunkeln tappt, begriffliche Zusammenhänge erst finden muss. Auch ein Wissenschaftler muss immer wieder überlegen und reflektieren und ihre Urteilskraft walten lassen.

Trotz des Bewusstseins dieser scheinbar unüberwindbaren Vielfalt, deren Ergründung wir in sowohl wissenschaftlichen als auch nicht-wissenschaftlichen Urteilen ständig bestrebt sind, haben wir nun eine Art ‚Zuversicht' in uns, durch die wir uns die Natur als nach einem mehr oder weniger geschlossenen System aufgebaut zu sein vorstellen. Wir *gehen davon aus,* dass unser Krankheitserreger in irgendeiner Weise in ein die Natur spezifizierendes System hineinpasst, weshalb wir in diesem Beispiel auch einen Arzt aufsuchen und nicht etwa einen Gärtner.

Wir bilden also neben den bestimmenden Urteilen des Schematismus oder den bestimmenden moralischen Urteilen ständig sogenannte *Reflexionsurteile.* Die allgemeingültige Voraussetzung dahinter ist, dass wir unsere Umwelt in einer bestimmten Weise verstehen ‚dürfen', weil sie sich unserer Urteilskraft eben nicht als völliges Chaos zeigt. Diesen der Erfahrung vorausgehenden Systemgedanken und eben nicht den der „besorgliche[n] grenzenlose[n] Ungleichartigkeit empirischer Gesetze und Heterogenität der Naturformen",

---

[30] Vgl. Immanuel Kant: Kritik der Urteilskraft. Frankfurt 1974, S. 74.

sieht Kant nun als das der Urteilskraft eigene Prinzip, die *Zweckmäßigkeit.* [31] Wir nehmen die Natur als zweckmäßig wahr. Mit *Zweck* meint er hier unsere Vorstellung eines von vorn herein begrifflich begründeten Gegenstandes, mit Zweck*mäßigkeit* wiederum die kausale Beziehung, die in diesem Gefüge der Begriff auf seinen Gegenstand ausübt. [32] Auch wenn wir unseren Krankheitserreger noch nicht genau bestimmen können, erwarten wir, dass er sich früher oder später unter einen passenden Begriff, zum Beispiel den eines Corona- oder Influenza-Virus, nicht aber unter abwegige Begriffe wie „Stern", „Affe" oder „Möbelstück" bringen lassen wird, und eben in diesem unwillkürlichen Erwarten der Passung wirkt eben die Zweckmäßigkeit. Transzendental ausgedrückt besteht bei dieser Art der Reflexion also ein apriorisches Vorwegnehmen von (noch unbestimmter) begrifflicher Beziehung auf Gegenstände und damit der Möglichkeit von systematischer Ordnung der Erfahrung. Diese Zweckmäßigkeit dient zwar lediglich der Urteilskraft, um die Natur in einer für sie fasslichen Weise zu verstehen und ist folglich ein *subjektives,* also der Natur selbst nicht anhängendes Prinzip. Dennoch ist es nach Kant notwendig für Erkenntnis schlechthin und damit transzendental.

1.4. Teleologische und ästhetische Reflexion

Das Reflektieren, von dem wir oben gesprochen haben, dient also dem Beurteilen von Besonderheiten, zu denen der Begriff erst gefunden werden muss. Haben wir dabei zum betreffenden Gegenstand die begrifflich fassbare Idee eines Ganzen, welches seinen Zweck begründet, somit eine „Übereinstimmung seiner Form mit der Möglichkeit des Dinges selbst, nach einem Begriffe von ihm" [33], so ist diese Zweckmäßigkeit wie gesagt nichts, was dem Gegenstand objektiv zukommt, da wir der Natur, als Inbegriff der erfahrbaren Gegenstände, keine „nach der Vorstellung von Zwecken, d.i. absichtlich wirkende Ursache" zuschreiben geschweige denn nachweisen können. Das wäre nach Kant die Handlung einer „sich ins Überschwengliche versteigende[n] Vernunft". [34] Wir können aber „zum Behuf der Reflexion über das Objekt" sogenannte *teleologische Urteile* fällen, „um der Kausalverbindung an Gegenständen der Erfahrung nachzugehen." [35] Präziser beschrieben setzen wir dabei Kant zufolge Vernunft (Idee) und Verstand (Begriffsbestimmung) in ein Verhältnis. In solchen Urteilen stellt sich eine *reale* oder *objektive* Zweckmäßigkeit, also eine solche „nach Begriffen" dar. [36] Alle empirischen Urteile, die wir auf diese Weise über unsere Natur treffen, beziehen sich durch ihre (bestimmten oder unbestimmten) Begriffe auf die Objekte oder Vorstellung von solchen, und sind bei Kant deshalb *objektive* oder auch *logische* Urteile. [37]

Es gibt aber bei der Einordnung unserer Wahrnehmung auch die Notwendigkeit, *subjektive Empfindungen,* die jene in uns auslöst, zu reflektieren und auszudrücken, wobei eben nicht der Begriff vom Objekt, der es im System der Natur verortet, sondern die Einordnung der Empfindung selbst Gegenstand des Überlegens, dieses also ein *subjektives Reflektieren* ist. Der Begriff ‚Empfindung' kann sich zwar ganz allgemein auf das sinnliche Wahrnehmen überhaupt beziehen, was mit dem griechischen Wort *aisthesis* gemeint ist: *Ästhetik* bedeutet „wörtlich die

---

[31] Immanuel Kant: Kritik der Urteilskraft. Frankfurt 1974, S. 21f und S. 29.
[32] Vgl. ebd.: S. 134 f.
[33] Ebd.: S. 103.
[34] Ebd.: S. 49.
[35] Ebd.: S. 50 f.
[36] Ebd.: S. 46.
[37] Vgl. ebd. S. 116.

8

Lehre vom sinnlich Erscheinenden oder von der Wahrnehmung" [38], was bei Kant vor allem in seiner *transzendentalen Ästhetik* zum Ausdruck kommt. [39] Hier arbeitet er die notwendigen Bedingungen der Sinnlichkeit heraus und stellt diese aller weiteren Analytik der Erkenntnis in der *Kritik der reinen Vernunft* voran. Es geht bei dieser Ästhetik aber um die sinnlichen Voraussetzungen verstandesmäßiger Erkenntnis und nicht etwa um ein sinnliches *Urteilen*, was Kant als Widerspruch bezeichnet: Urteilen selbst ist eine Verstandeshandlung und damit, wie wir bereits gesagt haben, der Erkenntnisquelle der Sinnlichkeit gegenübergestellt. [40] In einer wörtlichen Auffassung des Begriffes Ästhetik betrachtet geht es also zunächst einmal gar nicht explizit um die Wahrnehmung von Schönheit, sondern allgemein um *Empfindung*, die durchaus objektiv ist, wenn sie die „zum Erkenntnisvermögen gehörige Rezeptivität" meint.

Das *ästhetische Urteil* hingegen trägt diesen Namen deswegen, weil „dessen Prädikat niemals Erkenntnis (Begriff von einem Objekte) sein kann". [41] Es ist, weil es keine Begriffe und Bestimmungen zur Objekterkenntnis hervorbringt, zunächst ein Überbegriff für alle auf subjektive Empfindungen gerichteten Urteile. Es gilt nun, die subjektive von der objektiven Empfindung zu differenzieren, und zwar als eine, die Kant zufolge durch das *Gefühl der Lust oder Unlust* bestimmt ist statt von der „Vorstellung einer Sache". [42] Das ästhetische Urteil hat mit subjektiver Empfindung in diesem Sinne zu tun. Ein Gefühl von Lust oder Unlust bzw. Wohlgefallen oder Missfallen scheint in dieser Art von Urteilen die Hauptrolle zu spielen. Hierbei kann ein Beurteilen quasi direkt aufgrund dieser Empfindung, als *angenehm* oder unangenehm geschehen. Es kann aber auch ein *Auffassen der Form* durch das Subjekt und das Halten „gegen das Ganze Vermögen der Vorstellungen [...], dessen sich das Gemüt im Gefühl seines Zustandes bewusst wird", vonstattengehen. [43] Eine so beschriebene Geisteshandlung, die für Kant auch *bloßes* Reflektieren bedeutet, bringt das Geschmacksurteil oder: das *ästhetische Reflexionsurteil* hervor. Das Prädikat zum Ausdruck einer solchen Reflexion ist *Schönheit*.

Um den Faden nicht gänzlich zu verlieren, machen wir uns wieder bewusst, was hier erklärt werden sollte: Ausgehend von der Ordnung unserer Wahrnehmung durch das Urteilen wollten wir wissen, wie unsere Urteilskraft nach Kant mit den Besonderheiten der Natur verfährt, wenn sie ihr eigenes Prinzip, die Zweckmäßigkeit, anwendet. Dabei war recht einleuchtend, wie die Urteilskraft über wahrgenommene Objekte der Erfahrung teleologisch reflektiert und mithilfe von Vernunftideen Begriffe finden kann. Aber wie kommt Kant nun, andererseits, auf einen subjektiven Gefühlszustand, wenn es doch eigentlich um die Beurteilung bzw. Erkenntnis der Erfahrungsobjekte geht? Was hat das Empfinden von Schönheit mit objektiver Erkenntnis zu tun? Ist denn, was wir in der Welt schön finden, nicht eher eine für die Erkenntnis unbedeutende Nebensache? Und wenn die Urteilskraft unter Begriffe subsumiert bzw. an der Erkenntnis, also dem begrifflichen Ordnen der Erfahrung mitwirkt, warum geht es Kant denn nun um ein Reflektieren, das gar keine festen Begriffe in Aussicht stellt?

---

[38] Prechtl, Peter/Burkard, Franz-Peter (Hrsg.): Metzler-Lexikon Philosophie. Stuttgart 2008, S. 46.
[39] Immanuel Kant: Kritik der reinen Vernunft. Frankfurt 1974, S. 69 ff.
[40] Vgl. Kant: Kritik der Urteilskraft. Frankfurt 1974, S. 36.
[41] Ebd. S. 37.
[42] Ebd. S. 118.
[43] KdU S. 116.

Um diese Fragen im Sinne Kants zu beantworten, müssen wir uns das genannte Gefühl der Lust bzw. Unlust in Kants System genauer vor Augen führen.

1.5. Urteilskraft und Lust

Der Begriff Lust ist mit *Genuss* assoziiert. Wir denken heute vielleicht spontan an die Lust auf Süßigkeiten, auf eine Netflix-Serie oder an die sexuelle Lust. Das Grundvermögen der Lust- oder Unlustempfindung bei Kant (er nennt es auch *Wohlgefallen* bzw. *Missfallen*) meint jedoch zunächst ganz allgemein das Empfinden einer Kraft oder Kausalität, die zum Erhalt (bzw. zum Beenden/Vermeiden) des Zustandes führt, in welchen uns eine Wahrnehmung oder Vorstellung gebracht hat. [44] Dieses Vermögen ist auf der einen Seite abgegrenzt zur begrifflich-objektiven Bestimmung der theoretischen Erkenntnis. Wenn das transzendentale Schema wie oben beschrieben, Erfahrung in Kategorien einteilt, *fühlen* wir dabei nichts: es sind wie unbewusst ablaufende Bestimmungen, die die Urteilskraft hier nach Verstandesgesetzen trifft. Das rein verstandesmäßige Einordnen eines Gegenstandes in das Schema ‚substantieller Körper' zum Beispiel, das schon vollzogen ist, bevor wir uns überhaupt über die Besonderheiten dieses Körpers Gedanken machen, hat schlicht mit dem Fühlen des urteilenden Subjektes nichts zu tun. Der reine Verstand hat an sich also keine Verbindung zur Lust. Die Vernunft hingegen, die durch ihre praktischen Begriffe ein Streben, ein Interesse, ein *Begehren* generiert, kann indirekt mit dem Gefühl der Lust durchaus verbunden sein. Da das Vermögen der Lust oder des Wohlgefallens für sich aber auch ohne Begehren denkbar ist, halten wir also fest, dass Kants transzendentale Definition von Lust als Empfindung der Kausalität zum Erhalt eines Zustandes nicht etwa gleichzusetzen ist mit Begehren nach einem Objekt oder einer Handlung, und dass somit Lust als eigenes Vermögen neben dem Begehren zur Kenntnis genommen werden muss. „Wir können" also, so lassen wir Kant wie in seiner Einleitung zur Kritik der Urteilskraft sagen, „alle Vermögen des menschlichen Gemüts ohne Ausnahme auf die drei zurückführen: das Erkenntnisvermögen, das Gefühl der Lust und Unlust und das Begehrungsvermögen." [45]

Wir hatten oben gesagt, dass das reine Verstandesurteilen keine Verbindung zur Lust hat. Beim genannten Reflektieren über die Besonderheiten dagegen, z. B. über die *besondere* Form und Beschaffenheit eines (kategoriell bereits bestimmten) Körpers, deren begriffliche ‚Schubladen' wir finden wollen, hat die Urteilskraft nach Kant sehr wohl einen Zugang zum Gefühl der Lust. Wenn sich uns durch deren Wahrnehmung Zusammenhänge in der Natur erschließen und unser Systembedürfnis befriedigen, wenn die „Erreichung der Absicht" [46] einer systematischen Ordnung bei Teilen der ansonsten zufälligen Vielfältigkeit glückt, dann gefällt uns der Zustand, den wir in dieser Vorstellung haben. Wenn ein Kind z.B. den „halben" Mond aufgrund seines zwar dunklen, aber deutlich erkennbaren Umfangs erstmals als ganzen kugelförmigen Körper am Himmel erkennt, ist es voller Bewunderung. Selbst wenn systematische Begriffe längst eingeführt und bekannt sind, wir also nicht mehr mit einer initialen Reflexion über den Gegenstand beschäftigt sind, können wir doch die Lust, die „allmählich mit dem bloßen Erkenntnisse vermischt, und nicht mehr besonders bemerkt" wird, uns durchaus noch vor Augen führen. [47] Es spielt dabei keine Rolle, ob der Kontext der Erkenntnis positiv oder negativ zu bewerten ist: dass zum Beispiel ein neu entdecktes Virus

---

[44] Vgl. Immanuel Kant: Kritik der Urteilskraft. Frankfurt 1974, S. 135.
[45] Ebd.: S. 18.
[46] Ebd.: S. 97.
[47] Ebd.: S. 97.

dem Menschen gefährlich werden kann, heißt nicht, dass der hierzu forschende Virologe keinen Gefallen an seiner Arbeit, der Entdeckung und dem Nachvollzug der Spezifizierung des Virus finden kann. Auch ist es für das Lustgefühl unwichtig, ob das Urteil empirischer oder rationaler Art, wie zum Beispiel ein solches der rein theoretischen Mathematik ist: das Auffinden von Zusammenhängen, ganz gleich welcher Art, in jedem von uns zweckmäßig und notwendig vorausgesetzten System, lässt sich als positives Gefühl begreifen und weist nach Kant auf eine *Verbindung zwischen reflektierender Urteilskraft und Lustgefühl* hin.

Für unsere Kenntnisse des Kant'schen ‚Schaltkreises' der Gemütsvermögen können wir zusammenfassen: Der *reine Verstand* hält die apriorischen Prinzipien für das *Erkenntnisvermögen* bereit, ist also nach Kant mit diesem verbunden. Die *reine Vernunft* wiederum ist a priori mit dem *Begehrungsvermögen* verbunden, sie liefert den praktisch gesetzgebenden Begriff der Freiheit und bestimmt dadurch das moralische Wollen bzw. Begehren. Die *Urteilskraft* vermittelt zwischen *Verstand* und *Vernunft*, weil sie beiderlei Begriffsstrukturen für bestimmende Urteile verwendet. Zwischen Erkenntnis- und Begehrungsvermögen vermittelt, analog zur ‚Schaltung' der Urteilskraft zwischen Verstand und Vernunft, das Gefühl der *Lust und Unlust*, weil auch die Vernunftbegriffe objektive Erkenntnisse darstellen, die wiederum mit einem positiven Gefühl angestrebt, also gewollt, begehrt werden können. Und weil nun, wie oben zum reflektierenden Urteilen herausgestellt, eine Verbindung von der Urteilskraft zur Lust besteht, nimmt Kant zunächst aus Gründen der Analogie an, dass auch diese, genau wie die Verbindungen zwischen Verstand und Erkenntnisvermögen bzw. Vernunft und Begehrungsvermögen, *a priori* gegeben ist.

1.6. Zweckmäßigkeit ohne Zweck

Was hat nun diese angenommene apriorische Verbindung von Urteilskraft und Lustgefühl bzw. Wohlgefallen mit der Ergründung des Geschmacksurteils zu tun? Zur Wiederholung: Beim Urteilen geht es nach Kant darum, die Erfahrung begrifflich zu ordnen. Überall da, wo es nicht um bloße kategoriale Bestimmung, sondern um Reflektieren der empirischen Vielfalt geht, kommt dabei ein Gesetz zum Tragen, das die Urteilskraft sich selbst vorschreibt, ein Gesetz welches ihr erlaubt, eine *Spezifikation* in die Erfahrungen hineinzudenken. [48] Es liegt also die *Absicht* vor, der Natur „Einheit [ihrer] Prinzipien" beizulegen. [49] Unter dieser Bedingung, also der Wirkung von Zweckmäßigkeit, kann nach Kant überhaupt erst Erkenntnis der Besonderheiten in der Natur erfolgen, sie ist demnach zwingende Voraussetzung oder *transzendentales Prinzip*. Kant erklärt die Zweckmäßigkeit, wie ebenfalls oben schon genannt, als „Kausalität eines Begriffs in Ansehung seines Objekts"[50]. Nun sagt er aber auch, dass das (ästhetische) Geschmacksurteil kein Erkenntnisurteil ist, hiermit keinen Begriff des Objekts bestimmt, weil es sich ja zunächst lediglich auf die subjektive Empfindung der Lust bezieht. Dann aber kann ein Gegenstand, der als schön beurteilt wird, nicht derjenige zu einem Begriff als dessen Ursache sein. Soll die Zweckmäßigkeit als transzendentale Kausalität dennoch wirken, was Kant ja voraussetzt, muss dies hier *ohne* Begriff, *ohne* Zweck geschehen. Kant geht von einer *zweckmäßigen Kausalität auch ohne Zweck* aus, also eine Zweckmäßigkeit „der Form nach", eine rein *formale Zweckmäßigkeit*. Wir nehmen einen

---

[48] Immanuel Kant: Kritik der Urteilskraft. Frankfurt 1974 S. 95.
[49] Ebd.: S. 97.
[50] Ebd.: S. 134 f.

Gegenstand über unsere Sinne mithilfe der Einbildungskraft auf. Beurteilen wir ihn als schön, ist vorausgesetzt, dass der Verstand als unser Vermögen der Regeln die Möglichkeit, unter ein Prädikat zu subsumieren, mit ins Spiel bringt, wenn auch hier auf keinen bestimmten Begriff gezielt wird. Dieses Zusammenspiel der beiden Vermögen, „diese Belebung der Erkenntniskräfte [...] in Ansehung der Erkenntnis überhaupt" ist die Kausalität ohne den Begriff, also die formale Zweckmäßigkeit. Das *Bewusstsein* derer aber ist die Lust, die in Folge dieses Zusammenspieles empfunden wird. [51] Und für dieses ganze ‚Prozedere' in seiner Allgemeinheit, mit seinem Ergebnis, einen Gegenstand oder eine Vorstellung als schön zu beurteilen, in zwar subjektiver Weise und nicht erkenntnisbringend in Bezug auf das Objekt, dafür ist die Urteilskraft, welche ja bei Kant das Vermögen ist, das Besondere unter dem Allgemeinen zu denken, *a priori* gesetzgebend durch ihr Prinzip der formalen Zweckmäßigkeit. Gäbe es dieses Zusammenspiel von Einbildungskraft (Anschauung von Gegenständen) und Verstand, (dem begrifflichen Regelwerk) nicht, würden wir unsere Umwelt nicht so verstehen, dass sie „die Strukturen ihrer Erkennbarkeit durch Wahrnehmung zur Verfügung" stellte. [52]

Also ist die Frage, was das *begrifflose Ordnen* im Geschmacksurteil in Bezug auf Erkenntnis betrifft, dahingehend beantwortet, dass jenes eine subjektive *Voraussetzung für das begriffliche Ordnen überhaupt* darstellt. Und die Lust am Schönen in der Natur ist sozusagen der Indikator für diese Voraussetzung. Nun wird klar, warum das Geschmacksurteil einen so großen Raum in Kants Analyse ausmacht. Die formale Zweckmäßigkeit der Urteilskraft, deutlich in der bloßen Reflexion über Besonderheiten unserer Erfahrung, die uns nur bei der Beurteilung von Schönheit in der Natur wirklich bewusstwerden kann, ist eine subjektive apriorische Bedingung unserer Erkenntnis überhaupt.

Wenn aber formale Zweckmäßigkeit in jedem Erkenntnisurteil enthalten sein *muss*, würde dann nicht jedes Erkennen eines Gegenstandes oder Sachverhaltes im Prinzip für uns als *schön* zu beurteilen sein, wenn wir uns nur der in ihr steckenden (originären?) Reflexionsleistung durch Lustempfindung bewusst würden? Möglicherweise können wir am Ende dieser Untersuchung in dieser Sache ein wenig klarer sehen.

1.7. Interesselosigkeit und subjektive Allgemeinheit

Wir haben Kants Einordnung des Geschmacksurteils als ästhetisches, sich also auf das Subjekt beziehende Urteil betont und erläutert. Da es aber nicht die einzige Art ästhetischer Urteile darstellt, gilt es nun, auch hier Kants Differenzierung nachzuzeichnen. Er unterscheidet wie schon gesagt zwischen ästhetischen Urteilen über Schönheit und solchen über das *Angenehme*. Beurteilen wir einen Gegenstand also nach der Empfindung, die er in uns auslöst, die, wie wir erläutert haben, als Gefühl der Lust oder Unlust auftritt, also der Art ‚Kausalität', die uns die betreffende Vorstellung des Gegenstandes entweder erhalten oder beenden lassen möchte, kommt es nun ganz auf das „Verhältnis[...] der Vorstellung[...] zum Gefühl der Lust und Unlust" an, nach welchem Kant das Wohlgefallen (wie er die Empfindung in diesem Zusammenhang ausschließlich bezeichnet) unterscheidet und nach welchem entsprechende Prädikate zur Einordnung der Gegenstände zum Einsatz kommen.[53] Das Wohlgefallen selbst ist dabei nicht hinreichend das Signal für Subjektivität: Wie wir ebenfalls schon erläutert haben,

---

[51] Immanuel Kant: Kritik der Urteilskraft. Frankfurt 1974, S. 137 f.
[52] Markus Gabriel: Die Erkenntnis der Welt-Eine Einführung in die Erkenntnistheorie. Freiburg/München 2013, S. 146.
[53] Immanuel Kant: Kritik der Urteilskraft. Frankfurt 1974, S. 122.

sind bei Kant Vernunft, Begehrungsvermögen und Lustvermögen verbunden, so gibt es Lustempfindungen auch bei moralischen Urteilen, die den Gegenstand durch Vernunftzwecke begrifflich bestimmen und somit (objektive) Erkenntnisurteile sind. Hier ist die Empfindung jedoch nur ein Zusatz und nicht Begründung des Urteils, wie es beim Schönen und Angenehmen durch das Subjektive der Fall ist, weshalb das moralische Urteil nicht unter die ästhetischen Urteile fällt. Das ganz spezifische Verhältnis der Vorstellung des Gegenstandes zum Wohlgefallen ist nun nach Kant unter den beiden ästhetischen Urteilsarten das relevante Unterscheidungsmerkmal. Im Prädikat des Angenehmen wird allein das Verhältnis der Vorstellung zur Lust als das Urteil begründend ausgedrückt: Der wahrgenommene Gegenstand „gefällt in der Sinnenempfindung". [54] Das Wohlgefallen geht damit nach Kant mit einer *Neigung* einher, den Gegenstand zu besitzen, zu begehren, an seiner Existenz *interessiert* zu sein. [55] Ein durch die Wahrnehmung eines Gegenstandes ausgelöster *angenehmer* Zustand ist nach dieser Denkart per Definition nicht zu trennen vom subjektiven Bezug auf die Existenz des Gegenstandes. [56] Dies sollte unabhängig von der Möglichkeit gesehen werden, durch Selbst- und Affektkontrolle das Halten des Zustandes tatsächlich zu unterbrechen, beispielsweise wenn wir bei Fasten Enthalsamkeit üben. Das Interesse an der Existenz des Gegenstandes und damit die Verbindung zum oben genannten Begehrungsvermögen gehört für Kant notwendig zum Genussurteil. Hingegen ist das wichtigste und somit Alleinstellungsmerkmal des Geschmacksurteils, dass es, ebenfalls zwingend, *ohne ein solches Interesse* einhergeht: Das oben herausgearbeitete Zusammenspiel von Einbildungskraft und Verstand, die bloße Reflexion und damit Kontemplation über den wahrgenommenen Gegenstand und nicht der Stimulus zur Verbindung mit seiner Existenz lösen das Wohlgefallen aus.[57] Wie wir weiter unten sehen werden, ist aber im Konkreten diese Unterscheidung gar nicht immer so leicht zu treffen, wie eine solche Definition zunächst anmutet.

Aus diesem wichtigen Merkmal der Interesselosigkeit schließt Kant nun ein allgemeines und nicht privates Moment des reinen Geschmacksurteils. Echtes interesseloses, oder wie Kant auch sagt: *freies* Wohlgefallen, welches also die „bloße Vorstellung" [58] eines Gegenstandes mit dem Wohlgefallen verbindet, beinhaltet ihm zufolge zwingend die Annahme „eine[s] Grund[es] des Wohlgefallens für jedermann". [59] Die *Mitteilbarkeit*, also sprachlicher Ausdruck durch das Prädikat *schön*, bezieht sich auf eine aktive und allen Menschen gemeinsame Geisteshandlung, *angenehm* lediglich auf die (passive) Sinnenempfindung, weshalb ein Genussurteil nicht einmal den Anschein macht, sich objektiv auf die Beschaffenheit eines Gegenstandes zu beziehen und der Urteilende sich hier, im Gegensatz zum Geschmacksurteil, „gerne alles Urteilens überhebt." [60] Dies bedeutet für die Handlung des Urteilens, dass wir beim Genuss eines wahrgenommenen Gegenstandes nach Kant nicht einmal unbestimmt-begrifflich ordnen, sondern strenggenommen gar nicht ordnen, auf Wahrnehmung schlicht mit Lust und Neigung reagieren und gar nicht auf die Idee kämen, dabei eine über die reine Subjektivität hinausgehende

---

[54] Ebd.: S. 241.
[55] Vgl. ebd.: S.116.
[56] S. 119.
[57] Vgl. ebd. S. 124 f. und S. 119.
[58] Ebd.: S. 117.
[59] Ebd.: S. 124.
[60] Ebd.: S. 119.

Gültigkeit einzufordern.[61] Genau letzteres ist aber nun nach Kant beim Geschmacksurteil gegeben. Wenn ein Subjekt einen wahrgenommenen Gegenstand für schön befindet, „mutet er andern eben dasselbe Wohlgefallen zu: er urteilt nicht bloß für sich, sondern für jedermann, und spricht alsdann von der Schönheit, als wäre sie eine Eigenschaft der Dinge." [62] Diese „Merkwürdigkeit" gibt Kant als Grund seiner Untersuchungen des Geschmacksurteils im Rahmen der Transzendental-Philosophie an. [63] Sie hebt das Geschmacksurteil als ästhetisches vom ebenfalls ästhetischen Genussurteil ab, weil es, im Gegensatz zu diesem, eine Art Objektivität vorgibt. Letztere kann, wie oben erläutert, nicht begrifflich begründet sein, womit der Geschmack sich wiederum vom Wohlgefallen des Guten, also vom praktisch-objektiven Urteil absondert. Somit ist diese vorgegebene Objektivität keine logische Forderung von Allgemeingültigkeit wie in der Erkenntnis, sondern lediglich das (ästhetische) *Ansinnen* einer Empfindung an „jedermann", eine im Wohlgefallen notwendig mitschwingende subjektive Forderung von Allgemeinheit. [64] Diese wiederum lässt Kant die oben herausgestellte apriorische Komponente vermuten, welche sich ihm in seiner Untersuchung mit der bloßen Reflexion, also der rein formalen Zweckmäßigkeit, letztendlich auch bestätigt. [65]

1.8.   Schöne Natur und schöne Kunst

Was in uns die Verwendung des Prädikates der Schönheit sozusagen originär veranlasst, ist bei Kant zunächst nicht etwa die Kunst, sondern Gegenstände der Natur. Die (immer menschengemachte) Kunst hingegen unterliegt zunächst der *bestimmenden*, nicht der reflektierenden Urteilskraft. Was Kant in seiner ersten Fassung der Einleitung zur Kritik der Urteilskraft eher beiläufig anmerkt, ist gar nicht einfach zu verstehen. [66] Die Zweckmäßigkeit der Urteilskraft in der Kunst folgt Begriffen, ist nicht ohne Zweck, wie es aber das Prinzip a priori der Urteilkraft erfordert. Sie weiß von der Schöpfung des entsprechenden Objektes aufgrund einer Absicht. Nun ist diese Absicht aber nach Kant auch nicht „auf die Hervorbringung eines bestimmten Objekts gerichtet", sondern der Künstler, der bei Kant Genie ist, nimmt sich die Regeln der Natur als Vorbild, lässt diese in seinem Werk aber nicht „durchblicken" Die Zweckmäßigkeit muss, zumindest in dem, was Kant „schöne Kunst" nennt, so *scheinen*, als wäre sie völlig ohne Zweck, so dass sie eben das oben genannte Prozedere des freien Spiels von Einbildungskraft und Verstand auslöst. Das Genie des Künstlers ist in seinem Schaffen von der Natur mit Regeln ausgestattet, die ihn zum Objekt seines Schaffens leiten, die er aber selbst nicht vollständig beschreiben oder ergründen kann. Der Rezipient empfindet Lust an dem freien Spiel seiner Einbildungskraft und seines Verstandes, obwohl er weiß, dass es Kunst ist und nicht Natur. [67] Während in der Natur die Gegenstände für die Urteilskraft schön sind, sind es in der Kunst lediglich *Vorstellungen* von schönen Gegenständen. [68] So muss das Kunsturteil bei Kant „als bloße Folgerung" aus dem Prinzip a priori der Urteilskraft, aber in der

---

[61] Vgl. Immanuel Kant: Kritik der Urteilskraft. Frankfurt 1974, S. 125.
[62] Ebd.: S. 126.
[63] Ebd.: S.127.
[64] Ebd.
[65] Ebd.: S. 219 f.
[66] Ebd.: S. 67.
[67] Vgl. Ebd.: S.241.
[68] Vgl. Immanuel Kant: Kritik der Urteilskraft. Frankfurt 1974, S. 246.

durch das Kunstobjekt empfundenen Wirkung dennoch als Geschmacksurteil behandelt werden. [69]

1.9. Übergang zum Irrtum

Wir wissen nun, dass es für Kant als Voraussetzung von Erkenntnistheorie und Philosophie überhaupt wichtig ist, zu fragen, wie synthetische Urteile a priori, damit aber auch, wie Geschmacksurteile möglich sind, in denen wir das Prädikat der Schönheit auf die Gegenstände der Erfahrung synthetisch und ebenfalls in gewissem Sinne a priori anwenden. So haben wir herausgearbeitet, welchen überraschenden Stellenwert das Geschmacksurteil in Kants Projekt der Transzendental-Philosophie erhält. Dass es sich von objektiven Urteilen unterscheidet und dennoch eine apriorische und damit notwendige Komponente enthält, führte uns zur speziellen Gültigkeit, die Kant ihm zuweist. Letztere ermöglicht uns nun den Übergang zur Ausgangsfrage der vorliegenden Arbeit: Wie kann es in diesem Konzept bei der Beurteilung von Schönheit zu *Irrtum* kommen?

2. Irrtum im Geschmack

2.1. Dialektik und Schein

Zu Anfang dieser Arbeit hatten wir nach Kants Metaphorik den „stürmischen Ozean des Scheins" angesprochen, dem es gilt, aufbauend auf die Analytik der reinen Anschauung und reinen Verstandesbegriffe zu begegnen. Kant deckt hierzu in seiner *Dialektik* der reinen Vernunft die apriorische Form von erfahrungsüberschreitenden Denkhandlungen der Vernunft auf und stellt sie dem Gültigkeitsbereich der reinen Verstandesarbeit entgegen. Für ihn liegt in jeder Beschäftigung des menschlichen Geistes mit metaphysischen Fragen, also mit Bereichen, die nicht an Erfahrungsgegenständen überprüfbar sind, sozusagen die allgemeine Disposition bereit, die elementare Logik des Verstandes auch auf diejenigen Erkenntnisbereiche anzuwenden, die in diesen Geltungsbereich überhaupt nicht fallen. Dieser Sichtweise nach steckt also in jedem Erkenntnissubjekt und seinem Denken neben den transzendentalen Verstandes- und Vernunftstrukturen gleichzeitig eine Tendenz zur Dialektik im Sinne einer *Logik des Scheins*, mit deren ‚Regeln' „Missbrauch" unserer logischen Werkzeuge begangen wird. [70] Heute mögen uns Kants Beispiele wie jenes der Widersprüchlichkeit, die sich ergibt, wenn wir die Kausalität als Vernunftkategorie über ihren Gültigkeitsbereich erfahrbarer Gegenstände hinaus ebenfalls auf den Begriff der Seele und deren freien Willen anwenden wollten, irgendwie ‚unsinnig' erscheinen, weil wir in den lebenspraktisch orientierten Einzelwissenschaften nicht über Begriffe wie Seele und Freiheit des Willens nachdenken. In Kants Konzept ist aber, völlig unabhängig der jeweils zeitaktuellen Problematiken „irgend eine Metaphysik" […], „mit ihr aber auch eine Dialektik der reinen Vernunft" immer gegeben. [71] Diesen Gedanken können wir vielleicht bestätigen, wenn wir an das Phänomen der Wissenschaftsleugnung mit ihren oft verschwörungstheoretischen Argumenten denken, die sich

---

[69] Ebd.: S. 67 f.
[70] Vgl. Kant: Kritik der reinen Vernunft. Frankfurt 1974, S. 104.
[71] Ebd.: S. 33.

15

selbst den Anstrich verstandesmäßiger Gesetzmäßigkeit bei tatsächlicher mangelnder empirischer Überprüfbarkeit zu geben pflegt.

Es geht Kant nicht um die utopische Beseitigung einer nachteiligen menschlichen Neigung, sondern darum, „die Quelle der Irrtümer" zu identifizieren und ihren negativen Einfluss auf die Erkenntnis zu entschärfen. [72] Was aber ist überhaupt mit Irrtum gemeint?

Intuitiv ist der Begriff *Irrtum* zunächst als entgegengesetzt zu dem, was wir gewöhnlich als *wahr* bezeichnen, zu beschreiben. Die klassisch-logische Dichotomie *Wahrheit/Falschheit* bezieht sich auf den sogenannten Wahrheitswert einer Aussage oder Proposition dahingehend, ob das Ausgesagte der Fall ist oder nicht, wobei das sogenannte Äquivalenzschema „Es ist wahr, dass p genau dann, wenn p" zur Anwendung kommt. [73] Kant setzt in seinem Werk die *Korrespondenztheorie* der Wahrheit voraus, d.h. Wahrheit ist für ihn als „Übereinstimmung der Erkenntnis mit ihrem Gegenstand" definiert.[74] Irrtum jedoch ist zunächst einmal nicht deckungsgleich mit Falschheit. Der Wahrheitswert ‚falsch' sagt uns etwas über den Inhalt und nichts über das Subjekt der Aussage, wohingegen im Irrtum zusätzlich eine Rolle spielt, dass die betreffende Aussage oder das Urteil vom Subjekt als wahr oder richtig erlebt wird, aber entweder (material) den tatsächlichen Verhältnissen nicht entspricht oder (formal) den logischen Gesetzen widerspricht. [75] Das heißt, es *scheint* dem Subjekt, als sei p der Fall und deswegen wahr, dass p, bzw. als liege eine Übereinstimmung des in seinem Urteil Ausgesagten mit dem gemeinten Gegenstand oder Sachverhalt vor.

In der *transzendentalen Dialektik* seiner Kritik der reinen Vernunft nennt Kant Wahrheit und Schein als einander entgegengesetzt, dabei ist es der Schein, der zum Irrtum *verleitet.* [76] Intuitiv denken wir dabei etwa an eine optische Täuschung oder vielleicht auch Halluzination: Eine sinnliche Wahrnehmung bestimmter Art täuscht uns einen Gegenstand oder Sachverhalt vor, den wir deshalb für wahr halten. Wie auch immer dies geschieht, die Wahrheit und der Irrtum bzw. Schein sind nach Kant beide nicht im wahrgenommenen Gegenstand selbst, sondern nur im Urteil über ihn enthalten, d.h. sie sind im „Verhältnisse des Gegenstandes zu unserem Verstand anzutreffen." [77] Der Verstand für sich genommen, bei dem das Urteilen immer nach Gesetzen bzw. Schema vonstattengeht, irrt nicht. Auch die Sinnlichkeit, als die andere Erkenntnisquelle, kann nicht irren, da sie gar nicht urteilt. Weil es aber außer Sinnlichkeit und Verstand keine weitere Quelle der Erkenntnis gibt, entsteht der Irrtum für Kant durch „den unbemerkten Einfluß der Sinnlichkeit auf den Verstand". [78]
Was hat diese Überlegung nun mit der oben erläuterten natürlichen Dialektik unserer Vernunft zu tun? Und wie genau hilft uns all das, um den Irrtum im ästhetischen Urteil zu verstehen?

---

[72] Immanuel Kant: Kritik der reinen Vernunft. Frankfurt 1974, S. 30 ff.
[73] Prechtl, Peter/Burkard, Franz-Peter (Hrsg.): Metzler-Lexikon Philosophie. Stuttgart 2008, S. 666.
[74] Immanuel Kant: Kritik der reinen Vernunft. Frankfurt 1974, S.102 und: vgl. Thomas Grundmann: Analytische Einführung in die Erkenntnistheorie. Berlin/Boston 2017, S. 46 f.
[75] Vgl. Georgi Schischkoff (Hrsg): Philosophisches Wörterbuch. Stuttgart 1965, S. 282.
[76] Vgl. Kant: Kritik der reinen Vernunft. Frankfurt 1974, S. 308.
[77] Ebd.
[78] Ebd.

Die erste Frage betreffend, haben wir auf der einen Seite also Kants Aussage, der Einfluss von Sinnlichkeit auf den Verstand rufe Irrtum hervor, auf der anderen steht der von ihm diagnostizierte Missbrauch der reinen Verstandeswerkzeuge auf übersinnliche Objekte als natürliche Dialektik und ebenfalls „Quelle der Irrtümer" [79]. Zu einer Zusammenführung kommen wir, wenn wir die Urteilskraft wieder ins Spiel bringen: Sie ist es ja, die, wie wir wissen, die Subsumtion *entscheidet*, einerseits nach Verstandes- oder Vernunftgesetzten, andererseits aber durch Reflexion, immer aber selbsttätig, was ihr nach Kant die Eigenschaft verleiht, „ein besonderes Talent" zu sein, „welches gar nicht belehrt, sondern nur geübt sein will." Das beste Regelwerk kann so gesehen die Urteilskraft nicht vor Fehlern bewahren, die sie aus einem Mangel an ihrer eigenständigen Fähigkeit, sich den Verstandes- und Vernunftregeln „richtig zu bedienen", begeht. [80] Nun entstehen diese Fehler eben Kant zufolge durch den Einfluss der Sinnlichkeit, die, wieder metaphorisch gesprochen, die geordnete Bahn des Verstandesgebrauches ablenkt und „krummlinig" werden lässt. Bei der optischen Täuschung etwa wird die Urteilskraft laut Kant durch die sinnliche Wahrnehmung zum *empirischen Schein* verleitet. Für sein Projekt der Kritiken als Grundlegung für die Metaphysik geht es Kant aber nicht um diesen empirischen, sondern um den *transzendentalen Schein*, welcher nicht durch Erfahrungsgegenstände überprüfbar oder widerlegbar ist und der unsere Urteilskraft, ohne entsprechende Kritik, somit in eine unberechtigte Erweiterung des reinen Verstandes zur Anwendung *transzendenter Grundsätze* treiben kann, also solcher Grundsätze aus Vernunftarbeit, die gar keinen ‚sicheren' Boden in der Erfahrung mehr haben können. Wenn wir uns also, um Kants Beispiel aufzugreifen, fragen, ob „die Welt […] der Zeit nach einen Anfang" hat, neigt unsere Urteilskraft im transzendentalen Schein dazu, dieselben verstandesmäßig gesetzten objektiven Grundsätze aus der (physikalischen) Erfahrung auf einen Bereich, der unserer Erfahrung verschlossen bleibt, zu übertragen. (Dass wir heute in der Astrophysik an einem ganz anderen Punkt stehen, den Kant sich vielleicht nicht hätte träumen lassen, tut der Form und Gültigkeit seiner Analyse keinen Abbruch. Man kann sie auch auf heutige Beispiele problemlos anwenden, wie oben schon gezeigt.) Kant nennt diese Veranlassung der Urteilskraft zu einer solchen Übertragung eine „Illusion, die gar nicht zu vermeiden ist". Bloß, daraus einen Grundsatz mit derselben Gültigkeit, wie derjenigen der objektiven Erfahrung zu machen, wäre nun ein *transzendenter* Grundsatz und somit als solcher zu identifizieren. Der Einfluss der Sinnlichkeit, der den Verstand hier ablenkt, ist also, analog zur empirischen (z.B. optischen) Täuschung, der *Eindruck einer Objektivität*, die aber nicht tatsächlich gegeben, zumindest nicht überprüfbar ist. Eine vorgegaukelte Objektivität also, die nicht „Bestimmung der Dinge an sich selbst", somit Schein und Grund zu Irrtum darstellt. [81]

---

[79] Immanuel Kant: Kritik der reinen Vernunft. Frankfurt 1974, S. 34.
[80] Ebd.: S. 184.
[81] Ebd. S. 309 ff.

2.2. Schein im Geschmack

Lassen sich diese allgemeinen Gedanken zu Wahrheit, Schein und Irrtum nun auf Kants Konzept des Geschmacksurteils und dem Irrtum desselben übertragen? Das Geschmacksurteil bezieht sich ja Kant zufolge, wenn auch *über* ein Objekt der Wahrnehmung gesprochen wird, auf die subjektive Empfindung während der Wahrnehmung. Es wird bei dieser Art Beurteilung kein Gegenstand mithilfe eines Begriffes bestimmt, sondern es handelt sich zunächst um den Ausdruck der ausgelösten Empfindung mittels des Prädikates ‚schön'. Somit ist das Urteil kein Erkenntnisurteil, seine Wahrheit kann also, nach der Korrespondenztheorie, nicht in der Übereinstimmung der Erkenntnis mit ihrem Gegenstand zu suchen sein. Eine Wahrheit, die irgendwie objektiv und begrifflich zu bestimmen ist, lässt sich hier also überhaupt nicht ausmachen. Da aber nach Kants Analyse beim Geschmacksurteil trotzdem eine Subsumtion, nämlich das überhaupt zu jeder Erkenntnis vorausgesetzte freie Einfügen „des Vermögens der Anschauungen [...] unter das Vermögen der Begriffe" stattfindet, lassen sich auch hier Fehler denken, die das Urteil in irgendeiner Weise zu einem Irrtum machen. [82] Sobald Sinnlichkeit und Verstand aktiviert werden, liegt schließlich ein von Kant vorausgesetztes Verhältnis vor, in welchem sich der zum Irrtum verleitende Einfluss der Sinnlichkeit auf den Verstand theoretisch denken lässt. Man kann, um die Wahrheitsbedingungen der Korrespondenztheorie auch für das Geschmacksurteil zu erfüllen, zunächst als wahrgenommenen Gegenstand ganz formal die zum Geschmacksurteil hinführende Lustempfindung in Kombination mit der bloßen Reflexion setzen. Kant nennt ja ausdrücklich im Falle eines Geschmacksurteil die Lust als *Bewusstsein* der formalen Zweckmäßigkeit. [83] In diesem Bewusstsein oder dieser Empfindung steckt also im Idealfall die Voraussetzung für das Geschmacksurteil, sozusagen dessen „Wahrmacher". Geht man so vor, hat man also diese spezielle Empfindung sowie ein entstehendes Urteil gegenüber derselben bzw. gegenüber dem auslösenden Gegenstand, welches zwar kein Erkenntnisurteil ist, dennoch aber den Verstand involviert. Die ‚Erkenntnis' wäre hier so zu verstehen, dass das Subjekt das apriorische Prinzip seiner Urteilskraft selbst, die formale Zweckmäßigkeit, in der Lustempfindung wahrnimmt und (mittels der Urteilskraft) daraus ein Geschmacksurteil bildet, also die Subsumtion des Gegenstandes unter das Prädikat ‚schön' vornimmt. So wäre dementsprechend der Irrtum, wieder nach der Korrespondenztheorie, die *mangelnde* Übereinstimmung der Empfindungsart (als Gegenstand) mit dem resultierenden Geschmacksurteil (anstatt der Erkenntnis). Die Empfindung führte zwar in der Vorstellung oder in ihrer Äußerung zur Subsumtion unter das Prädikat der Schönheit. Diese Einordnung wäre aber nur scheinbar wahr oder gerechtfertigt. Wo aber entstünde so betrachtet der Schein, der hier zum Irrtum verleitet? Er ist entweder in der falsch gewerteten Lustempfindung zu suchen, weil die Lust diejenige sinnliche Rezeptivität ist, die uns Schönheit anzeigt. Da aber Lust wie gesagt nicht nur Schönheit, sondern auch andere Prädikate für die Subsumtion signalisiert, könnte die Urteilskraft hier, analog zur optischen Täuschung, bei der Wahl der Prädikate Illusionen unterliegen. Die formale Zweckmäßigkeit oder bloße Reflexion der Urteilskraft als einziger rechtfertigender Hintergrund für die Subsumtion unter das Prädikat der Schönheit hat in diesem denkbaren Irrtum nicht wirklich stattgefunden. Oder aber es liegt überhaupt nur der Schein einer Lust vor, aus Gründen, die wir uns noch genauer anschauen werden. Der Irrtum läge dann im fehlenden Signal überhaupt anstatt in der lediglich falschen

---

[82] Immanuel Kant: Kritik der Urteilskraft. Frankfurt 1974, S. 217.
[83] Vgl. ebd.: S. 137 f.

Wertung desselben. Rein formal betrachtet ergeben sich also zunächst zwei mögliche Ansatzpunkte für den Schein, auf die wir gleich zurückkommen werden.

Zunächst müssen wir aber noch berücksichtigen, was es für Kant mit seiner *Dialektik des Geschmacks* in der Kritik der Urteilskraft auf sich hat. In jener untersucht er, analog zur Kritik der reinen Vernunft, im Anschluss an einen analytischen Teil die sogenannte *Antinomie*. Antinomien ergeben sich für ihn aus zwei bzw. mehreren jeweils einzeln gut begründbaren, in ihrer Gemeinschaft sich aber gegenseitig widersprechender Grundsätze.[84] Nur wenn man durch transzendentale Kritik in der Lage ist, die unterschiedliche Bedeutung der Begrifflichkeiten in den einzelnen Sätzen zu erfassen und sich bewusst zu machen, kann der Widerspruch für Kant problemlos aufgelöst werden. Wie steht nun seine Antinomie des Geschmacks zu unserer Frage, wie der Irrtum desselben möglich ist? Hinter der Allgemeinheit im Geschmacksurteil, die in der Antithese der Antinomie der Subjektivitäts-These gegenübergestellt wird, steht kein Verstandesbegriff, sondern ein Vernunftbegriff [85], was bei unkritischem Umgang zu falsch begründetem Dogmatismus führen kann: eine theoretische Wahrheit würde behauptet werden, wo sie nicht auf dem Boden der Erfahrung ihren Grund haben kann. Zum Beispiel könnte Schönheit als empirisch-objektiv zu messen vorgeführt werden, Verstandesbegriffen bzw. reinen Grundsätzen unterstellt, wo jedoch der adäquate Begriff nur in der Transzendenz der Vernunft zu suchen sein kann und keinesfalls mit derselben Allgemeingültigkeit wie in der objektiven theoretischen Erkenntnis gehandelt werden kann. Oder es würden aus Verklärung eigene, ebenfalls aus dem übersinnlichen Bereich der Erkenntnis geschöpfte, teilweise dubios wirkende Grundsätze kreiert, die dann für Gesetze ausgegeben würden, wie es vielleicht im Klassizismus der Kunstgeschichte der Fall war. [86]

In der Antinomie liegt durchaus der Widerspruch vor, den wir in der Einleitung als Ausgangspunkt für unsere Irritation bezüglich der Freiheit im Geschmack benannt haben: Subjektivität versus Allgemeingültigkeit bezüglich des Geschmacks. Kants Lösung der Antinomie durch das Auseinanderhalten von Verstandes- und Vernunftbegriffen ist aber vorerst keine, zumindest keine direkte Antwort auf die Frage, wie der Irrtum im einzelnen Geschmacksurteil möglich ist. Wir begnügen uns hier vorerst damit, die Antinomie dem Missbrauch wissenschaftlicher Gültigkeits-Regeln und deren Bewusstmachung zuzuordnen. Damit geht es um die Vermeidung von resultierendem Dogmatismus im Umgang mit Schönheit und Kunst. In *unserer* vorliegenden Fragestellung hingegen, nämlich ob und wie bei Kant das Subjekt im (einzelnen) Geschmacksurteil irren kann, also für die Weiterverfolgung der oben herausgearbeiteten Irrtumsmöglichkeiten, muss nun das Augenmerk auf die ‚Sezierung‘ der transzendentalen Strukturen im Geschmacksurteil gerichtet werden, worüber uns Kants *Deduktion der reinen ästhetischen Urteile* hilfreiche Auskünfte gibt. [87] Dass wir zum Schluss dieser Arbeit erneut auf die Antinomie stoßen werden, darf nicht darüber hinwegtäuschen, wie wichtig ein sukzessives Vorgehen im Nachvollzug komplexer theoretischer Überlegungen zu diesem Thema ist.

---

[84] Prechtl, Peter/Burkard, Franz-Peter (Hrsg.): Metzler-Lexikon Philosophie. Stuttgart 2008, S. 34.
[85] Immanuel Kant: Kritik der Urteilskraft. Frankfurt 1974, S. 281.
[86] Umberto Ecco: Die Geschichte der Schönheit. München Wien 2004. S. 39.
[87] Kant: Kritik der Urteilskraft. Frankfurt 1974, S. 207 ff.

2.3. Zwei Arten von Irrtum

Zur Wiederholung: Wenn ich urteile, dass ein wahrgenommener Gegenstand ‚schön' sei, drücke ich damit zunächst ein Gefühl aus, welches in mir durch die Wahrnehmung entsteht. Bei Kant heißt dieses Gefühl Lust oder auch: *Wohlgefallen*, welches wie gesagt für ihn eines der grundlegenden Geistesvermögen darstellt. Die Verwendung des Prädikates ‚schön' teilt aber, wie wir erläutert haben, noch etwas fundamentaleres ‚vor' dem Gefühl des Wohlgefallens mit: sie zeigt explizit an, dass hier die Subsumtion des Vermögens der Einbildungskraft unter das generelle Vermögen der verstandesmäßigen Begriffe (ohne jedoch wirklich einen Begriff zu bestimmen) der Lust vorhergeht, sie zur Folge hat, dass sich demnach Einbildungskraft und Verstand in einem ganz bestimmten Wechselverhältnis, in einem freien Spiel, in der *bloßen Reflexion* befinden. Die Lust, das Wohlgefallen, ist nur das *Bewusstsein* dieser speziellen Prozedur, deren Ablauf also mit dem Prädikat ‚schön' behauptet wird. Wenn wir für einen Moment annehmen, ‚schön' sei eine Verstandeskategorie und die Urteilskraft würde nach Schema der Einbildungskraft unwillkürlich den objektiv richtigen Begriff für die Einordnung der Wahrnehmung wählen, könnten wir in der Beurteilung des Schönen nicht irren, so wie wir nicht irren können, wenn wir ein Ding im Raum, oder eine Vorstellung davon, als ausgedehnt wahrnehmen bzw. denken. Die Urteilskraft würde in diesem Fall aber auch nicht nach ihrem eigenen Prinzip, sondern nach Verstandesgesetz subsumieren. Nun wird aber bei der Wahrnehmung von Schönheit Kant zufolge eben nichts gesetzmäßig bestimmt, sondern die Urteilskraft wendet in Geschmacksurteilen ihr eigenes subjektives Prinzip a priori an, ein Gefühl wird als Bewusstsein formaler Zweckmäßigkeit gewertet. So ist die Schwierigkeit, dass dieses Gefühl, das Wohlgefallen, zwar vordergründig mit dem Beurteilen ausgedrückt wird, aber nicht tatsächlich der *Bestimmungsgrund* für die Verwendung des Prädikats „schön" sein darf, wenn es ein echtes Geschmacksurteil sein soll. Gerade hier scheint wie gesagt eine wichtige Quelle des Irrtums zu liegen: Nähme die Urteilskraft das Wohlgefallen als einziges Kriterium für die Wahl seiner Prädikate, könnte sie willkürlich aus denjenigen, welche ihr aufgrund einer möglichen Verbindung zur Lust zur Verfügung stehen, ungeachtet des wirklichen Bestimmungsgrundes, mal dieses und jenes herausgreifen; oder aber sie könnte die verschiedenen Bestimmungsgründe schlichtweg ‚über einen Kamm scheren', indem sie immer dasselbe Prädikat verwendete, wo eigentlich differenziert werden müsste. Beides entspräche dem gesuchten Schein, der beim Urteilen zum Irrtum verleitet. Wie oben aufgezeigt sind nach Kant die der Urteilskraft zur Verfügung stehenden Prädikate mit der gemeinsamen Eigenschaft einer Verbindung zur Lust oder zum Wohlgefallen das der *Schönheit*, des *Angenehmen* und des *Guten*. Diese drei können uns demnach als ‚Gesamtpaket' erscheinen, welches wir nicht unbedingt kritisch beleuchten, wenn wir nicht Philosophie betreiben. Die vorliegende Arbeit hat jedoch genau zum Ziel, dieses Gesamtpaket nach Kants Anleitung gewissermaßen auseinander zu pflücken und dadurch die Frage nach dem Irrtum zu klären.

Wir hatten im ersten Teil dieser Arbeit schon klar gemacht, dass (undifferenziertes) Wohlgefallen an der Wahrnehmung eines Gegenstandes das Signal für die ästhetischen, also für das Genuss- sowie für das Geschmacksurteil darstellt. Wir könnten vorsichtig sagen, dass es sich dabei um eine Art *notwendige Bedingung* für solche Urteile handelt. Damit stoßen wir noch auf unsere, oben schon angedeutete, zweite Irrtumsquelle: Wenn das Wohlgefallen quasi die notwendige Bedingung des Geschmacksurteils ausmacht, müssen wir auch den auf jene bezogenen möglichen Schein in Betracht ziehen. Dieser Schein wäre das Erleben eines

Wohlgefallens, welches tatsächlich gar nicht vorliegt. Nicht im Sinne eines gegenteiligen Missfallens, sondern vom Fehlen einer Empfindung überhaupt.

Diese beiden herausgearbeiteten Möglichkeiten des Irrtums wollen wir nun näher beleuchten, wofür wir sie begrifflich benennen müssen, um sie nicht durcheinanderzubringen. Wir sprechen also im Folgenden von der erstgenannten Art als dem *nicht-differenzierenden Irrtum* und von der zuletzt beschriebenen als dem *normativen Irrtum*.

2.4. Das trockene Wohlgefallen und der nicht-differenzierende Irrtum

Was ist also, wenn wir wahrgenommene Gegenstände unserer Umwelt, die uns in einen Zustand des Wohlgefallens versetzen, willkürlich mit ‚schön', ‚angenehm' oder ‚gut' bezeichnen? Oder wenn wir ganz verschiedene Gegenstände und Sachverhalte vereinfachend ‚schön' nennen, sobald sie mit Wohlgefallen einhergehen? Möglicherweise tun wir das, ohne uns zu fragen, was im Einzelfall wirklich damit gemeint ist. Vielleicht drücken wir uns sprachlich generell ungenau aus, was uns nicht weiter stört. Wollen wir aber wissen, was ein irrtümliches Geschmacksurteil bei Kant ist, müssen wir wie gesagt das ‚Gesamtpaket' des Wohlgefallens genauer anschauen. Vielleicht sollten wir zunächst versuchen, die Ausdrücke ‚angenehm' und ‚gut' zu präzisieren.

Mit ‚angenehm' meint Kant wie schon gesagt das Prädikat, das Genuss oder Vergnügen anzeigt. [88] Das Wohlgefallen dieses Genusses ist „die bloße Annehmlichkeit in der Sinnempfindung", die „Begierde rege macht" oder „Neigung erzeugt", also Kant zufolge Interesse an der Existenz des Gegenstandes mit sich führt. [89] Wenn wir einen wahrgenommenen Gegenstand unter das Prädikat ‚angenehm' subsumieren, räumen wir demnach ein, dass es ein *auf privatem Interesse gegründetes* Urteil ist, welches bei jedem anders ausfallen kann. Wir meinen mit der Beurteilung der Lust nur unsere eigene Zusammenstimmung der Wahrnehmung mit dem Gefühl des Wohlgefallens im Zuge derselben. Wir sagen zum Beispiel: „Mir schmeckt dieses Kümmelbrot mit Honig", wobei wir uns schon gewahr sind, dass unser Gegenüber womöglich das Gesicht verzogen wird. So eindeutig ist die Sache aber nicht immer. Wir sagen nämlich auch: „Mir gefällt dieses Lied" ungefähr gleichbedeutend mit: „Ich finde dieses Lied schön." Folgen wir Kant, drücken wir hier sowohl mit dem Bezug auf uns selbst als auch mit dem Prädikat ‚schön' verschiedene Signale aus, bzw. scheinen das Geschmacksurteil mit einem vorweggenommenen Selbstbezug quasi in seiner Gültigkeit für andere zu ‚entschärfen'. Also was ist nun tatsächlich gemeint? Schönheit oder Annehmlichkeit? Nach einem solchen Beispiel könnte man ja zunächst meinen, dass sich Schönheit und Annehmlichkeit in ihrer Beziehung zum Wohlgefallen gar nicht unterscheiden, was aber bei Kant, wie wir nun mehrfach besprochen haben, ausgeschlossen ist. Man kann also fragen, ob wir automatisch das *Angenehme* meinen, sobald wir die Subjektivität sprachlich mit „ich finde…" betonen, oder ob zwar ein Geschmacksurteil mit dem Hintergrund einer bloßen Reflexion vorliegt, welches wir aber mit einem sprachlichen Zusatz belegen, um uns, Kant zufolge, gleichsam „alles Urteilens [zu] überheben" [90]. In letzterem Fall wäre das Geschmacksurteil nach Kant zumindest nicht ‚rein'. Ob dieser Zusatz in einer gewissen Unsicherheit begründet liegt, unserer eigenen

---

[88] Immanuel Kant: Kritik der Urteilskraft. Frankfurt 1974, S. 119.
[89] Ebd.: S. 131.
[90] Ebd.: S. 119.

Urteilskraft und ihrem Prinzip der Zweckmäßigkeit zu vertrauen bzw. Gehör zu schenken, bedarf vielleicht einer sozialpsychologischen Untersuchung und steht auf einem anderen Blatt.

Ähnlich verworren ist es mit dem Wohlgefallen beim moralischen Urteil, also der Verwendung des Prädikates ‚gut‘ bestellt. Jenes wird in einer Wahrnehmung oder Handlung nach Kant als *sittliches* Gefühl gewertet, als „der Idee seiner Bestimmung“ gemäß, welche aber vom Vernunftbegriff der Freiheit vorgegeben ist. Die Wahrnehmung wird damit ähnlich wie eine Verstandeskategorie, aber eben von einer Idee, objektiv bestimmt. [91] Sowohl Kategorie als auch Vernunftidee sind bei Kant bestimmende Begriffe, unter welche wir den Gegenstand oder Sachverhalt subsumieren. Bei der Idee passiert das zum Beispiel, wenn wir urteilen: „Es ist gut, dass das Kind nicht ohne Vater aufwächst“, wobei uns die Idee (also der Begriff) einer umfassend behüteten und in den Bedürfnissen nicht beschnittenen Kindheit, also vielleicht etwas wie Menschenwürde, vorschwebt. Wie verhält es sich aber, wenn wir dann einen Roman oder Film beurteilen, in dem ein Kind, welches ohne Vater aufzuwachsen droht, den Vater am Ende doch nicht verliert? Sagen wir dann nicht etwa: „Ach, ist das ein schönes Ende“? Meinen wir das auch genauso, oder meinen wir nicht eigentlich „ein gutes Ende“ im Sinne des genannten sittlichen Wohlgefühls? Hinzu kommt beim Guten, wie schon beim Angenehmen, das Unterscheidungsmerkmal des Interesses. Auch das Gute geht bei Kant mit dem Vermögen einher, seine Ideen anzustreben, zu begehren, ist also per se von Interesse an der Existenz der Verwirklichung der Vernunftidee in einem Zustand oder einer Handlung geprägt.

Die Problematik des verworrenen Gesamtpaketes ‚undifferenziertes Wohlgefallen‘ liegt zusammenfassend also scheinbar im *richtigen Erkennen* der formalen Zweckmäßigkeit als Ursache der Empfindung. Nach Kant kommt es ja, wie oben erläutert, auf das richtige Verhältnis der Vorstellung zum Wohlgefallen bzw. zur Lust an. [92] Gleichzeitig müsste doch das Wohlgefallen im Geschmacksurteil als Bewusstsein der formalen Zweckmäßigkeit notwendig schon dieses ‚richtige‘ Verhältnis anzeigen. Die Urteilskraft, welche aber eben nicht unfehlbar ist, scheint dieses Zeichen verkennen zu können. Das Wohlgefallen als einziges ‚richtiges‘ Bewusstsein der formalen Zweckmäßigkeit ist also bei Kant als eine Art Idealtyp zu verstehen. Dieser Idealtyp ist das „trockene Wohlgefallen“, welches in jedem einzelnen Urteil, um es definitiv als Geschmacksurteil zu identifizieren, sozusagen herausgeschält werden muss, weil es in dieser Reinform, wie Kant in Beispielen versucht, darzulegen, eben nicht immer gegeben ist. [93] Es meint ein Wohlgefallen ohne Interesse an der Existenz des Gegenstandes, also jene oben schon mehrfach genannte Interesselosigkeit, die neben der Subjektivität und der Begrifflosigkeit eines der essentiellen Merkmale des Kantischen Geschmacksurteils darstellt.[94]

Die Interesselosigkeit ist zusätzlich ein Indiz für die über das Subjekt hinausreichende Gültigkeit des Urteils, die *subjektive Allgemeinheit*. Wenn man sich bewusst ist, dass man den Gegenstand oder Sachverhalt nur der Beschaffenheit oder Form nach in Bezug auf ein damit ausgelöstes Empfinden beurteilt, ohne ihn dabei (für welche Zwecke auch immer) zu ‚wollen‘, dann muss nach Kant diese Beurteilung „einen Grund des Wohlgefallens für jedermann enthalten“. [95] Frei sein von allem Interesse impliziert für ihn, wie oben schon gesagt, dass in einer solchen Beurteilung keinerlei private Begründung für das Wohlgefallen liegt. Es muss ihr

---

[91] Immanuel Kant: Kritik der Urteilskraft. Frankfurt 1974, S. 223.
[92] Vgl. ebd.: S. 122 f.
[93] Vgl. ebd.: S. 141.
[94] Vgl. ebd.: S. 115 ff.
[95] Ebd.: S. 124.

also etwas zugrunde liegen, dass man bei jedem anderen Menschen auch voraussetzt. Analog zum verstandesmäßigen Erkenntnisurteil, bei dem wir auch ohne jegliches ‚Wollen‘ gegenüber dem Gegenstand a priori kategorisieren und voraussetzen, dass unsere Kategorien objektiv allgemeingültig sind, handelt es sich für Kant bei der Beurteilung der Naturgegenstände als ‚schön‘ ebenfalls um eine, wenn auch ‚nur‘ die Empfindung betreffende, also subjektiv oder ästhetisch *vorausgesetzte* Allgemeinheit. Es ist die „Anmaßung einer durchgängig für jedermann geltenden subjektiven Zweckmäßigkeit", die im Geschmacksurteil „Anspruch auf Notwendigkeit macht". [96] Nicht das Wohlgefallen, die Lust ist Bestimmungsgrund des Geschmacksurteils, sondern die beanspruchte Allgemeingültigkeit der reflektierenden Geisteshandlung als Ursache der Empfindung. [97] Die an jeden herangetragene Erwartung formaler Zweckmäßigkeit der Natur für unsere Urteilskraft findet a priori statt. Die Wahrnehmung von Schönheit beruht auf einem für jeden Menschen verständlichen Prozedere und allein hierfür steht unser Prädikat ‚schön‘ als die *allgemeine Mitteilbarkeit* dieses Prozederes. Jedes Wollen, jede Neigung, jedes Interesse hat entweder das Wohlgefallen selbst (als Stimulus) oder eine anzustrebende Vernunftidee als Bestimmungsgrund. Liegt aber ein Wohlgefallen ohne ein solches Interesse vor, muss der Bestimmungsgrund für Kant sozusagen ‚vor‘ dem Wohlgefallen in einer allgemeinen Regel zu suchen sein. Die für jeden Menschen vorausgesetzte Verständlichkeit der Urteilsart als Geschmacksurteil zeigt diese Regel an, die Behauptung eines Geschmacksurteils impliziert also eine „allgemeine Stimme", ohne vorauszusetzen, dass diese Allgemeinheit die Schönheit objektiv mit bestimmenden Begriffen begründen könnte. [98] Weiß man nun um diese apriorische Regel, die im Geschmacksurteil steckt, kann man nach Kant „durch das bloße Bewußtsein der Absonderung alles dessen, was zum Angenehmen und Guten gehört, von dem Wohlgefallen, was [...] noch übrig bleibt, davon gewiß werden". [99]

Während also wie gesagt das Wohlgefallen eine Art notwendige Bedingung für das Geschmacksurteil ausmacht, liegt in der subjektiven Allgemeinheit, in der Mitteilbarkeit der formalen Zweckmäßigkeit, die *hinreichende Bedingung* verborgen. Ohne deren Vorliegen ist ein Urteil bei Kant, und mag es von uns auch als ein solches erlebt werden bzw. uns als ein solches erscheinen, tatsächlich *kein* Geschmacksurteil und in der Behauptung desselben liegt, wenn es keine Lüge sein soll, ein Irrtum vor. Das oben genannte ‚Herausschälen‘ des trockenen Wohlgefallens kann als Methode der Wahrheitssuche bei der Beurteilung der einzelnen Gegenstände, z.B. bei Produkten der Kunst, betrachtet werden. Fundamental dafür aber ist die „Wissenschaft" im Sinne Kants, also die Ableitung der „Möglichkeit einer solchen Beurteilung von der Natur dieser Vermögen, als Erkenntnisvermögen überhaupt", sprich: die erkenntnistheoretische und transzendental-philosophische Analyse. [100] Folgen wir Kant in dieser Analyse, müssen wir also annehmen, dass, sobald wir an unserer Beurteilung eines einzelnen Gegenstandes als ‚schön‘ jegliches Interesse an der Existenz des Gegenstandes identifizieren können, ein irrtümliches Geschmacksurteil im Sinne des von uns oben bezeichneten *nicht-differenzierenden Irrtums* vorliegt.

---

[96] Immanuel Kant: Kritik der Urteilskraft. Frankfurt 1974, S. 209.
[97] Vgl. ebd.: S. 131.
[98] Ebd.: S. 130.
[99] Ebd.: S. 131.
[100] Ebd.: S. 216.

2.5. Die Autonomie des Geschmacks und der normative Irrtum

Die Vorstellung, man habe den Eindruck oder das Erleben eines Wohlgefallens, welches nicht tatsächlich vorliegt, ist schwierig zu denken. Wenn jemand bewusst ein solches Lustempfinden vortäuscht, ist er ein Schauspieler und ‚lügt' gewissermaßen das Gefühl, was uns hier nicht interessieren soll. Das wirkliche Erleben einer Empfindung kann nicht scheinbar sein, denn das wäre ein Widerspruch. Es kann zwar ein objektiver Zustand oder Gegenstand als scheinbar empfunden werden, nicht aber die Empfindung selbst. Wenn eine Empfindung hingegen nicht mit der objektiven Wirklichkeit zusammenpasst, kennen wir dies als empirische Illusion oder Halluzination. Für unsere Zwecke verwendet, ergäbe sich, dass entweder eine andersartige Empfindung für Wohlgefallen oder Lust gehalten wird, was nach Kants Konzept von Lust als zustandserhaltende Kausalität kaum zu denken ist: es gibt eben kein Gefühl, welches mit dieser kausalen Funktion verbunden ist und trotzdem *nicht* Lust sein sollte. Selbst diejenige Empfindung, die wir vielleicht als reinen Trieb bzw. Instinkt bezeichnen, gehört ja Kants Definition nach schon zum Vermögen der Lust. Oder aber es findet *gar keine* Empfindung statt, es wird aber irgendetwas anderes an ihrer Stelle, eine Art Substitut imaginiert, welches aus keiner bloßen Reflexion hervorgeht und trotzdem dazu führt, dass man den betreffenden Gegenstand als ‚schön' bezeichnet. Solche Substitute wären denkbar in kulturellen Konventionen, die sich in der subjektiven Bewertung bemerkbar machen, welchen Gegenständen gegenüber man ein Wohlgefallen empfinden *soll*. Konventionen, die eine Allgemeinheit quasi vorschreiben, die, wenn sie auch subjektiv verschieden interpretiert wird, nichts mit der subjektiven Allgemeinheit und Mitteilbarkeit der bloßen Reflexion des Geschmacksurteils gemein hat. Wollte man aber mit solchen Konventionen sein Geschmacksurteil begründen, landete man wieder bei der transzendenten Vernunft und, konkreter, bei der von Kant genannten Gefahr der Heteronomie, die „[f]remde Urteile sich zum Bestimmungsgrunde des seinigen" macht. „Der Geschmack [aber] macht bloß auf Autonomie Anspruch", d.h. ein tatsächliches Geschmacksurteil, weil es ja auf Bedingungen a priori beruht, kann sich per Definition Kants nicht einer empirischen Vergewisserung der Urteile anderer bedienen.[101] So gesehen ist ein sich *bloß* durch Konventionen und sozialen Druck rückversicherndes Urteil, welches eben nicht die notwendige Bedingung von tatsächlich vorliegendem *eigenem* Wohlgefallen oder Missfallen erfüllt, per Kants Definition kein Geschmacksurteil. Beurteilt jemand auf solcher Grundlage einen Gegenstand als ‚schön', können wir sagen, dass er sozusagen einem *normativen Irrtum* unterliegt.

---

[101] Vgl. Immanuel Kant: Kritik der Urteilskraft. Frankfurt 1974, S. 212.

2.6. Freiheit im Geschmack

Angesichts dieser ‚Gefahren des Irrtums' stellt sich nun die eingangs erwähnte Frage zur Freiheit, die uns in unserem subjektiven Urteilen über Schönheit überhaupt bleibt. Im Zuge der Kant-Lektüre sind wir möglicherweise in der ehemals sorglosen spontanen Beurteilung von Natur und Kunst etwas zweifelnder geworden, ob wir „wider [die aufgezählten Bedingungen] nicht öfter fehlte[n] und darum ein irriges Geschmacksurteil" fällten. [102] Wenn jemand eine Lustempfindung, wenn auch nicht gerade ‚halluziniert', aber doch in gewisser Weise ohne Übereinstimmung mit seinem realen Gemütszustand annimmt, in dem er sich quasi anderer Menschen Empfinden zu eigen macht und sich so stellt, „als ob [ein Gegenstand] ihm auch gefalle, um nicht für geschmacklos angesehen zu werden" [103], unterliegt er oder sie einem Irrtum, den wir normativ genannt haben. Bei der tatsächlichen Empfindung ist vorausgesetzt, „daß man durch das Geschmacksurteil [...] das Wohlgefallen an einem Gegenstande jedermann ansinne, ohne sich doch auf einem Begriffe zu gründen", um sich also des freien Spieles der Einbildungskraft und des Verstandes als der subjektiven Bedingung aller Erkenntnis überhaupt, als des Prinzips der Urteilskraft, gewiss sein zu können. [104] Liegt dieses spezielle Ansinnen nicht vor, gründet sich das Urteil entweder auf privatem Interesse und ist ein Genussurteil, oder es gründet sich auf Begriffen und bringt, als moralisches Urteil, ein Interesse hervor. Hier unterliegt man also in verschiedenen Spielarten dem nicht-differenzierenden Irrtum, wenn man trotzdem unter das Prädikat ‚schön' subsumiert.

Es könnte der Eindruck entstehen, wir seien nun, nach der Kant-Lektüre, durch das sorgfältige Differenzieren unserer Gefühle von Wohlgefallen bei der Beurteilung von Natur- und Kunstgegenständen in die Lage gebracht, uns fortan in unserem Geschmack nicht mehr irren zu können. In der Theorie schwingt mit, dass wir durch die Methode des Bewusstmachens von Interesse an der Existenz der beurteilten Dinge bzw. von interesselosem Wohlgefallen nur noch die Gegenstände als schön bezeichnen, die auch tatsächlich (für unsere Urteilkraft) schön *sind*. Hierzu passt auch, dass Kant in seinem Konzept der reflektierenden Urteilskraft voraussetzt, dass letztere, wo nicht ein „natürliches Talent" im richtigen Urteilen vorliegt, durch Beispiele erst geschärft werden muss. Ein System von Regeln sichert nicht deren richtige Anwendung, welche aufgrund des Regelregresses selbsttätig von der Urteilskraft entschieden werden muss. [105] In beinahe jeder Arbeitspraxis zeigt sich nämlich, wie Kant dies am Beispiel von Richtern oder Ärzten festmacht, dass oftmals die Realität nicht zu den eingeübten Idealtypen der theoretischen Systeme passt, dass es vielmehr auf die Abweichungen in Einzelfällen ankommt, um nach und nach ein ‚treffsicheres' Urteilen zu entwickeln. Aber wie lässt sich dies wiederum auf die Geschmackurteile anwenden? Kant spricht auch hier von einer Schärfung „durch Ausübung", nach welcher beispielsweise ein Dichter von „vorigen Urteilen" freiwillig abgeht, wenn er mit der Zeit mehr Erfahrung erlangt hat. [106] Aber auch diese vorigen Urteile traf der Dichter ja wahrscheinlich mit Forderung nach jedermanns Beistimmung, also als (vermeintlich) echte Geschmacksurteile. Wenn er aber später von ihnen Abstand nimmt, weil er in seiner ästhetischen Urteilskraft reifer geworden ist, müssen dann nach Kant nicht zwangsläufig die früheren Urteile einem Irrtum unterlegen haben? Können wir also annehmen,

---

[102] Ebd.: S.131.
[103] Ebd.: S. 213.
[104] Immanuel Kant: Kritik der Urteilskraft. Frankfurt 1974, S. 127.
[105] Vgl. ebd.: S. 185.
[106] Vgl. ebd.: S. 211.

die Entwicklung oder Reifung der ästhetischen Urteilskraft liegt bei Kant darin begründet, dass bei der Beurteilung der wahrgenommenen Gegenstände die Differenzierungsfähigkeit zwischen den Prädikaten ,angenehm', ,schön' und ,gut' mit der Zunahme an Erfahrung durch Beispiele immer weiter voranschreitet? Dass wir dann, wie gesagt, die Fähigkeit eines durchweg ,richtigen' Geschmacks erlangen? Wo bliebe aber dann die Freiheit des Geschmacks, die wir so dringend mit Gemeinsätzen wie: ,ein jeder hat seinen eigenen Geschmack' voraussetzen, unabhängig von Alter und Bildungsweg? Zwar beurteilen wir, wie wir nun mehrfach betont haben, in Kants ,richtigem' Geschmacksurteil die Objekte nicht nach Begriffen, wonach „alle Vorstellung der Schönheit verloren" ginge, und wir Regeln voraussetzten, nach denen „jemand genötigt werden sollte, etwas für schön anzuerkennen." [107] Dennoch ist das kantische Erkennen der reinen formalen Zweckmäßigkeit in unserem Gefühl des interesselosen Wohlgefallens schon eine relativ starke Regel, die wir lernen müssen, wenn wir unter das Prädikat ,schön' in diesem Sinne richtig subsumieren wollen, so gesehen also doch ein gewisses ,genötigt Werden' zur ,richtigen' Schönheit hin.

Handelt es sich also in unserer geforderten Freiheit im Geschmack in Wirklichkeit vielleicht um die heimliche Forderung, das ,Gesamtpaket' des Wohlgefallens aus den Prädikaten ,angenehm', ,gut' und ,schön' möge unangetastet bleiben, um gerade diese Auswahl zu erhalten? Und wäre das dann nicht ein Verharren in einer sozusagen „selbst verschuldeten Unmündigkeit", die wir durch Kants Kritiken überwinden könnten? [108]

Wenn wir noch etwas genauer hinschauen, lässt sich aber doch noch eine Freiheit, nämlich in der Regel selbst, also innerhalb des Vorgangs der bloßen Reflexion ausmachen. Hier wird die Schwierigkeit deutlich, die in Kants gezogenem Unterschied zwischen Natur- und Kunstschönheit begründet liegt: Die Art des bloßen Reflektierens beim Anblick von zarten Wolkenformationen im Abendlicht, von üppiger Blütenpracht oder beim Lauschen des Gesangs einer Amsel oder Nachtigall scheint eine andere zu sein als diejenige beim Betrachten von Skulpturen oder modernen Gemälden, oder gar im Beurteilen der ,Komposition' eines Kinofilms. Während bei ersteren Urteilen noch das Erkennen von ,richtiger' Schönheit aufgrund einer größeren Eindeutigkeit vorstellbar scheint, gehen bei zweiteren die Urteile, ob ein Kunstwerk schön ist oder nicht so weit auseinander, dass intuitiv von einer größeren Freiheit ausgegangen werden *muss*. Eben hier ist das „Streiten", welches Kant in seiner Antinomie aufführt, ein wichtiger Aspekt. Über die ,richtige' Beurteilung von Kunst wird gestritten. Berechtigtes Streiten beinhaltet für ihn aber die Hoffnung auf allgemeingültige Gründe des Urteils.[109] Diese Hoffnung gründet sich bei Kant letztendlich nun doch noch auf eine Art Begriff: Nämlich auf den ,reinen Vernunftbegriff von dem Übersinnlichen", ein Begriff, der sich „gar nicht durch Anschauung bestimmen, durch den sich nichts erkennen, mithin auch kein Beweis für das Geschmacksurteil führen lässt." [110] Ohne die Annahme eines solchen übersinnlichen unbestimmten Begriffes als sozusagen letzten Grund des Geschmacksurteils ließe sich der Anspruch auf (subjektive) Allgemeinheit nicht durchsetzen und das Urteil

[107] Immanuel Kant: Kritik der Urteilskraft. Frankfurt 1974, S. 130.
[108] Immanuel Kant: Werke in zwölf Bänden. Band 11, Frankfurt am Main 1977.
Erstdruck in: Berlinische Monatsschrift, Dezember 1784, S. 481-494. URL:
http://www.zeno.org/nid/20009189580
[Stand: 12.07.2021].
[109] Vgl. Immanuel Kant: Die Kritik der Urteilskraft. Frankfurt 1974, S. 279.
[110] Ebd. S. 281.

gründete sich letztendlich auf einen „nur bloß verworrene[n] Verstandesbegriff". [111] Genau in diesem hoffnungsvollen Übersinnlichen liegt also sowohl der letzte Grund der Allgemeingültigkeit des Geschmacksurteils, als auch der für die Freiheit verborgen: da ein solcher *transzendenter* Begriff von uns Menschen niemals in verstandesmäßig ‚genormter‘ Form ausgedrückt werden kann, wird das notwendige Reflektieren, die formale Zweckmäßigkeit der Urteilskraft, im tatsächlichen Geschmacksurteil immer frei von Überprüfbarkeit bleiben. Der formale Geistesvorgang der Reflexion, genauso wie das von Kant angenommene letzte ‚Ziel‘ der Erreichung des reinen Begriffes des Übersinnlichen, ist die notwendige Regel, der wir uns beugen, der ‚Inhalt‘ der Reflexion, also wie wir quasi dieses Ziel für uns interpretieren, bleibt zunächst intim und jedem selbst überlassen. Ob solche Interpretationen angesichts moderner neurophysiologischer Forschung weiterhin ‚frei‘ genannt werden können, soll nicht mehr Gegenstand dieser vorliegenden Untersuchung sein.

---

[111] Ebd.

Fazit

Das freie Spiel der Erkenntniskräfte Einbildungskraft und Verstand, das im Wohlgefallen oder Missfallen von Gegenständen aus Natur und Kunst zum Ausdruck kommt genau dann, wenn wir ein *tatsächliches* Geschmacksurteil fällen, bedeutet für Kant, wie ich mit dem Aufbau meiner Arbeit versucht habe, zu zeigen, nicht etwa bloß eine Geisteshandlung, die in der Betrachtung von Natur oder Kunstwerken in uns abläuft. Sie ist durch das apriorische Prinzip der Urteilskraft, die Natur (als „Inbegriff aller Gegenstände der Erfahrung") für sich selbst zweckmäßig, also in ihrer Form passend zur menschlichen Erkenntnismöglichkeit wahrnehmen zu können, eine subjektive Voraussetzung für Erkenntnis überhaupt. Schönheit ist so gesehen nichts weniger als ein Zeichen dafür, dass in unserem zur begrifflichen Erkenntnis strebenden Umgang mit der Wahrnehmung überhaupt ein allen vertrautes subjektives Prinzip arbeitet. Die subjektive Allgemeinheit, also die im Geschmacksurteil ausgedrückte Erwartung gegenüber den anderen Subjekten, das Empfinden in Bezug auf den gemeinten Gegenstand ebenfalls verspüren, verstehen, erkennen zu können, ist im Gegensatz zur Privatheit des ästhetischen Wohlgefallens im Genussurteil Kants entdeckte ‚Merkwürdigkeit', die das subjektive Prinzip a priori der Urteilskraft und damit den transzendentalen Stellenwert unseres Beurteilungsvermögens von Schönheit anzeigt. Das Augenmerk im Fällen von Geschmacksurteilen auf der Erfülltheit dieser Bedingung gibt uns nach Kant die Möglichkeit, anhand von vorliegendem oder nichtvorliegendem Interesse in gewissem Maße zu überprüfen, ob unser Urteil tatsächlich ein Geschmacksurteil ist, ob also der Gegenstand ‚schön' genannt werden kann, oder ob wir in der Wahl dieses Prädikates einem Irrtum unterlaufen. All das impliziert nicht etwa eine ‚objektive Instanz', die anzweifelte, dass unsere subjektiven Begründungen *innerhalb* des jeweiligen Geschmacksurteils selbst, den Gegenstand betreffend ‚richtig' sind. Die eingangs erwähnte Befürchtung der unsere Subjektivität beschneidenden ‚ästhetischen Perspektive' bestätigt sich also nicht. Dennoch können wir sagen, dass Kants Kritik uns zumindest in folgendem Sinne einschränken kann und wahrscheinlich auch *sollte*: In der ausufernden und unpräzisen Relativierung dessen, was als ein Geschmacksurteil gelten kann.

Literaturverzeichnis

Gabriel, Markus: Die Erkenntnis der Welt- Eine Einführung in die Erkenntnistheorie. Freiburg 2013.

Grundmann, Thomas: Analytische Einführung in die Erkenntnistheorie. Berlin/Boston 2017.

Kant, Immanuel: Kritik der reinen Vernunft. Frankfurt 1974.

Kant, Immanuel: Kritik der Urteilskraft. Frankfurt 1974.

Prechtl, Peter/Burkard, Franz-Peter (Hrsg.): Metzler-Lexikon Philosophie. Stuttgart 2008.

Schischkoff, Georgi (Hrsg.): Philosophisches Wörterbuch. Stuttgart 1965.

BEI GRIN MACHT SICH IHR WISSEN BEZAHLT

- Wir veröffentlichen Ihre Hausarbeit,
  Bachelor- und Masterarbeit

- Ihr eigenes eBook und Buch -
  weltweit in allen wichtigen Shops

- Verdienen Sie an jedem Verkauf

Jetzt bei www.GRIN.com hochladen
und kostenlos publizieren